印象海口

④

一带一路百城记·海洋新知科普丛书

『三五』国家重点出版物出版规划项目

陶红亮 主编

冰河插画 李伟 绘画

五公祠

海洋出版社

图书在版编目（CIP）数据

印象海口 / 陶红亮主编；李伟绘画 . —北京：海洋出版社，2018.5（2025 年 1 月重印）
（一带一路百城记 . 海洋新知科普丛书）
ISBN 978-7-5210- 0079-5

Ⅰ . ①印… Ⅱ . ①陶… ②李… Ⅲ . ①海口 – 概况 Ⅳ . ① K926.61

中国版本图书馆 CIP 数据核字（2018）第 069875 号

印象海口

总 策 划	刘　斌	发 行 部	（010）62100090
策划编辑	刘　斌	总 编 室	（010）62100034
责任印制	安　淼	网　　址	www.oceanpress.com.cn
排　　版	童 虎·设计室	承　　印	侨友印刷（河北）有限公司
		版　　次	2018 年 5 月第 1 版
出版发行	海洋出版社		2025 年 1 月第 2 次印刷
		开　　本	787mm×1092mm　1/16
地　　址	北京市海淀区大慧寺路 8 号	印　　张	10.25
	100081	字　　数	246 千字
经　　销	新华书店	定　　价	72.00 元

本书如有印、装质量问题可与发行部调换

2000多年前，一群商人赶着骆驼从西安出发，一路向西，最远抵达地中海；同时，在广东的徐闻港，商人们先祭拜海神，随后扬帆出海。后来，人们将这些连接东西方的通道统称为"丝绸之路"。通过丝绸之路，中国的文明之风吹向世界各地。2000多年后，习近平总书记提出"一带一路"倡议，即共建丝绸之路经济带和21世纪海上丝绸之路，旨在"借用古代丝绸之路的历史符号，高举和平发展的旗帜，积极发展与沿线国家的经济合作伙伴关系，共同打造政治互信、经济融合、文化包容的利益共同体、命运共同体和责任共同体"。

千百年来，中国秉持"和平合作，开放包容，互学互鉴，互利共赢"的理念，和丝绸之路沿线国家进行平等的经济、文化交流。比如：明朝航海家郑和率领当时世界最大的远洋船队先后七下西洋，航迹遍布亚非，除了带去精美的手工制品外，还将先进的中华文化远播海外。

古代丝绸之路不仅推动了沿线各国的经济发展，还将中华文化带到了异国他乡。欧洲各国的贵族曾将中国瓷器视为外交礼品，阿拉伯国家的工匠结合中国瓷器工艺制造出了波斯瓷器。日本掀起过一股"弘仁茶风"，贵族将模仿中国人品茶视为一种风尚。无数西方人前往中国，泉州就曾因"南海蕃舶"常到，出现了"市井十洲人"的盛况。

如今，丝绸之路上不再有载满货物的骆驼。取而代之的，是丝绸之路经济带纵横交错的铁路网，

以及21世纪海上丝绸之路上络绎不绝的集装箱货轮。古代丝绸之路的先行者早已作古，秉承先人精神的建设者们正在发挥自己的光和热。

"一带一路"倡议自提出后，就受到沿线国家的高度赞扬和支持。在经济全球化的今天，"一带一路"不仅赋予了古代丝绸之路新的内涵，还为沿线各国提供了新的机遇。

为了使人们更加深刻地理解丝路精神，我们组织相关学者共同编写了这套《一带一路百城记》。以优美的文字和水彩绘画结合的形式，艺术化地展现"一带一路"节点城市及所在国家和地区与丝绸之路相关的方方面面，包括丝路遗迹、风景名胜、文化历史、风俗习惯、物产资源等，形成对"一带一路"的完整展示，最终实现一部"唯美的一带一路静态影片"。

希望读者在阅读完这套书后，能够更深刻理解"一带一路"的意涵，对"一带一路"沿线城市有更多的感性认识，不再将其看作一个遥远的符号。

读不懂的海口市

这是一个复杂的城市。在海口，人们既能看见带着东南亚气息的骑楼，也能发现挂在居民楼前的红色平安符。当地人喜欢站在五公祠中凭栏眺望，聆听历史的回响，也喜欢在假日海滩中尽情玩乐，享受当下的惬意和舒适。

很多人说，海口是很难被准确描述出来的，因为它有太多面了。这里有庄严的永庆寺，阵阵梵音让人忍不住闭目合十；有琼州曾经的最高学府——琼台书院，正中悬挂的"进士"匾额曾是无数海南学子的目标。这样看来，它应该是严肃的，至少是让人不敢随意轻慢的。当人们走进它时，总要凝神静气，生怕做错了事情。

然而，当人们自认为已经足够熟悉它时，海口又变成了调皮的小猫，迅速地改变自己的模样。游览永庆寺时，人们总会被道路两旁的菩提树、椰子树吸引，心神随池中摇曳的莲花起伏，高广的殿宇和清凉的花草结合得恰到好处，想来苏轼游览此处时提笔写下"幽怀忽破散，咏啸来天风"，也是这个原因。

游览琼台书院时，人们大概不会将目光放在楼内的雕梁画栋上，因为只要导游开口讲述那流传了上百年的爱情故事，心绪就会跟着导游一起回到清朝雍正年间。听完故事，再细细打量这个培养了一大批进士的书院，人们或许会发现书院原有的严肃气氛早已消失，只剩浪漫唯美的情致。

生活在这个复杂的城市中，海口人自然也是难以读懂的。游览骑楼老街时，看到那些银号、商号的旧招牌，人们轻易就能想象到，海口人远渡重洋，在异乡打拼，最后回到故乡，并将异国的文化和本土文化完美结合的情景。

海口人似乎天生就具有一股冲劲，因而他们中不仅有事业有成的华侨，还有海瑞、丘濬这样的贤臣名士。然而他们又十分乐于让日子变得慢一些。没事的时候，他们总要去老巷子里的老爸茶店喝茶聊天。在他们看来，和邻里一边喝茶，一边讨论中外闲情逸事，实在是人生一大乐事。因此，海口人常说："越富越要喝老爸茶，越穷也越要喝老爸茶。"

海口人乐于接受外来文化，骑楼老街就是最好的证明，同时他们也十分念旧、守旧。他们尊敬古代贤人，所以五公祠和洗太夫人庙常年香火不断。他们有自己的传统，比如：一起供奉土地爷；每逢过年的时候，家家户户都会参与社区举办的"点龙灯"的活动。

海口到底是什么模样的呢？也许每个人都有不同的理解。

目录

第一章 海口与海上丝绸之路的渊源

第二章 细数光阴，感受历史的厚重

第三章 现代风景，这边独好

第四章　从"蛮荒之地"走出的英雄

第五章　海口特产：大自然的美与纯

第六章 品味海南美食，感受热带风情

第一章
海口与海上丝绸之路的渊源

　　坐落于海南北部的海口，因为拥有得天独厚的地理优势，从古至今一直都是重要的商贸枢纽。在我国海上丝绸之路的航线中，海口也扮演着举足轻重的角色。现在，让我们一起走进这座滨海城市，探寻它与海上丝绸之路的渊源。

海上丝绸之路的商贸枢纽
——海口

在开辟陆上丝绸之路之前，我国已经有一条经过海路到达西方的航线，也就是所谓的海上丝绸之路。而在这条海上丝绸之路的航线上，海口是当时往来商船的必经口岸。

隋唐时期，中东一带的穆斯林跨越印度洋来到广州、泉州一带经商，当时海口就处在这条航线附近。来往的穆斯林商人经常在此补给，海口成为了古代丝绸之路上重要的中转站。

形成于隋唐的海上丝绸之路，到了唐代得到高度的发展。当时从广州港口出发，途经海南岛的海上航线经过了 90 多个国家和地区，一直延伸到东非海岸，是当时世界上最长的远洋航线。

虽然相较于隋唐时的航路，宋元时的航线已经发生了改变，但是海南岛早已成了当时阿拉伯和波斯商人往来于广州、泉州等地的重要避风港。唐太宗贞观五年（632 年）拆崖州之琼山为琼州，将海南增至四州；从唐玄宗至肃宗时，海南又增至五州，进一步加强了对海南的行政管理。

在南宋年间，广州专门奏请当时的朝廷在琼州设置市舶机构，负责检查南洋返回的船只，防止这些商船偷税漏税。对当时两大贸易中心港——泉州、广州而言，海南周边的港口起到了十分重要的辅助作用，海口就是其中之一。

后来，广州周边的风浪变得越来越大，很多船只能经过海南才能抵达泉州、广州等地。明朝甚至规定，从南海各地来的商船，必须要迂回海南岛才能进入广州。当时的海口凭借着得天独厚的地理优势，成为了各个地方往来商船必经的口岸。据记载，在光绪年间，往来海口港的外轮十分之多，当时到香港、新加坡等地的船只都要经过海口。

在古代，海口曾是海上丝绸之路的重要商贸枢纽。现在，海南正充分借鉴古代海上丝绸之路的发展经验，进一步利用海口得天独厚的地理优势，全方面地完善交通体系，从而延续古代海上丝绸之路的传奇，将海口打造成 21 世纪海上丝绸之路上的重要节点城市。

商贸发达离不开良港——马村港

自古以来，澄迈县都是水陆往来和贸易交通的要塞。宋代的澄迈老城，因为拥有得天独厚的地理优势，成为了当时海上丝绸之路的一个重要节点城市。

为什么澄迈如此重要？主要是因为澄迈县老城镇的马村港。在没有火车、飞机等交通工具的古代，水运一直是重要的运输途径。那个时候，凡是商贸发达的地方必有良港。而马村三面环海，北面是琼州海峡，南面是前海，西面是马岛湾，马村港口水深腹阔，被称为海南航运的三大港口之一。

宋代之前，马村港还没有被海南人发现。据马村的村志记载，马村的祖先原是福建莆田县甘蔗园村人。直到宋靖康至建炎元年，北方的战祸频繁，为了逃避战争的侵扰，很多人不得不离开旧土，向南边逃难。那个时候，很多广州、福建一带的潮州人和客家人，都迁徙到海南岛上，马村的祖先也是在那个时候落户海南。

在民间流传着一个马村祖先移民海南岛的故事。据说，马村祖先有一天在家乡为客人运送棉花，正要出发时，一个神情焦急的官吏跑到他的面前，希望他能救救自己。匆忙之间，他从船舱里拖出一袋棉花，让这位官吏躲在里面。

不久后，官兵上船搜查。躲在棉花袋中的官吏成功地躲过了官兵的追查，但是这些官兵还是徘徊在港口。马村祖先索性起航，开着船带着官吏离开了港口。可是海上突然掀起了大风浪，船在茫茫大海中漂流。不知过了多久，两人漂流到了一个荒无人烟的沙岛，就是如今的马岛。

马村祖先见这座岛三面环海，沙滩洁白，晚上海水与月光交相辉映，犹如一块洁白的玉石，不由得喜欢上了这个岛。虽然后来马村祖先成功地找到了回乡的航线，但是这座沙岛上的美景一直留在马村祖先的心中。在马村祖先带着妻子老小南迁的时候，特意回到了这座小岛上，并将新建的村庄取名为"银题村"，即美丽洁白的村庄。

但是沙岛比较小，仅有 0.6 平方千米，岛上也没有耕地和防护林，遇到台风、海啸时，沙岛上就一片汪洋，村民生活非常困苦，马村祖先的后人就陆续往内陆迁徙，最终定居在今天的马村。

海口的空中支撑
——美兰国际机场

作为海口的空中支撑，美兰国际机场每天都要迎来送往五湖四海的游客。据统计，2016年，美兰机场累计吞吐游客222万人次。

作为一个旅游城市的机场，美兰国际机场也十分重视机场内景观的建设。抵达到达的夹层后，我们看到精心摆放的热带花草带，让人仿佛置身于沙滩上的椰树下。下了夹层扶梯之后，热带园艺和海洋水族的景观出现在我们面前，又将我们从沙滩上拉入了海洋世界，为炎热的空气带来丝丝凉意。

离开海南之前，出发大厅中到处可以看到椰树、大王棕等热带植物，这一抹热带风景好像要留住游客离去的脚步。国内候机区没有采用全封闭的建筑手法，而是设置了全敞开的第六小塔帽区域，并配以木质的百叶门，好似推开百叶门就可以重新回到东寨港的红树林。这里满是东南亚风情的园林景观，一步一景，难怪被 Skytrax 评为五星机场。

中国第一条跨海铁路——粤海铁路

在 2004 年之前，人们去海南岛旅游或是将货物从海南运出，都只能依靠轮船或者飞机。在海南和内地之间，始终没有一条安全、便捷、廉价的交通线。四面环海的海南，即使拥有丰富的自然资源和旅游资源，也不得不受地理环境所限，孤悬一隅，与祖国大陆隔海相望。

因此，打破天然的地理屏障，将海南和大陆从地理上联系在一起就显得格外重要。1996 年，粤海铁路公司筹备组在海口成立，开始筹备建设中国第一条跨海铁路。

2004 年，粤海铁路正式开通客运，结束了海南与大陆不通铁路的历史。有了这条铁路，全国的主要城市都可以通过铁路直达海南岛。很多人去海南旅游都会选择乘坐这条海上铁路，还没抵达海南，就提前体验了旅程中的惬意。其实，粤海铁路不仅为前来海南旅游的人提供了一个独特的交通方式，还促进了海南和周边省市的经济发展，有"火车一响，黄金万两"之称。

小贴士

注意：火车开到船上，人不能下火车在船上走动，可以通过火车窗口，欣赏琼州海峡风光；晕船的旅客要带些防晕的药物。

第二章

细数光阴，感受历史的厚重

提到海口，很多人第一反应是碧海蓝天、椰影婆娑。其实，来到海口以后，我们发现这里有很多纪念名臣贤士的庙宇和纪念堂。

我们一直将海口看作一个旅游城市，却忘记了自北宋开埠以来，海口已经存在了近千年。这座历史悠久的城市里的砖瓦下，藏着一个又一个动人的故事。

是的，隐藏于热带风情中的人文景色也让人流连忘返，让我们一起探访那些曾经带给海南人希望和光明的仁人志士吧！

依海而建的千年古刹
——永庆寺

始建于北宋年间，"澄迈八景"之一的永庆寺，是海南历史上有名的佛教圣地，曾有很多文人墨客慕名前来游历该寺。

宋绍圣四年（1097 年），著名诗人苏轼渡海抵达海南。他当晚宿在老城驿通潮阁，第二天便来游览永庆寺。苏轼被此处的美景陶醉，写下了"幽怀忽破散，咏啸来天风"的诗句。元符三年（1100 年）他奉命北归，途中又路过澄迈县，对永庆寺美景念念不忘的他提出再游永庆寺。在第二次游览永庆寺的时候，他写下了"九死南荒吾不恨，兹游奇绝冠平生"的诗句，以表达自己对海南，对永庆寺的喜爱。

在乱世中，永庆寺被毁。2001 年，澄迈县政府决定重修永庆寺。2009 年，重建后的永庆寺坐落在盈滨半岛西侧，是琼北地区规模最大的寺院。总面积 9200 平方米，寺院占地约 80 亩，殿宇高广，庄严瑰丽。寺庙中种植的椰子、荷花、菩提树、文殊花为这座气势恢宏的寺院增添了一丝清凉和禅意。

大雄宝殿是永庆寺最大的建筑，建筑面积达 1200 平方米，高约 23 米。殿中供奉着释迦牟尼佛、药师佛、阿弥陀佛与十八罗汉等。其中有三尊大佛约 9 米高，30 余吨重。只有跪拜在这三尊大佛的脚下，才能体会大佛的庄严肃立。大雄宝殿及各殿供奉的四十二尊佛像都采用整块缅甸白玉雕琢而成，莹白光润，世所罕见。

倚海而建的永庆寺环境清幽，景色宜人。虽然这里风景动人，但是并不是热门景点。没有重要的活动时，永庆寺的游人很少。走在永庆寺的小道上，两旁的树叶随着海风飘动，偶尔会从殿中传出阵阵梵音，向偶遇的师傅鞠躬致意。即使不是佛教徒，也能在这里感受佛界的威宏博大、肃穆清静。

小贴士

交通：最推荐旅游公交 6 线，上午 9 时自万绿园出发至永庆寺，中午 12 时 30 分返回海口。也可以去海口汽车西站坐大巴到澄迈县，一个小时的路程。大巴一般是 15 分钟一趟，发车时间为 7：00—20：00。

最高学府和最传奇的爱情

琼台书院曾是琼州的最高学府，是古代海南读书人登科入仕的必经阶梯。这个书院建于康熙四十四年（1705 年），是后人为纪念海南第一才子，明朝大学士丘浚而建，丘浚号琼台，人称琼台先生，书院因此而得名。这座满怀士子希望的书院，却是因为一个爱情故事而闻名于世。

清朝雍正年间，当时的琼台书院由谢宝管理。重阳佳节，谢宝给学生们放了三天假，准许他们外出游玩。琼台书院的学子张逸民一个人去圣母宫游玩，在游玩时，忽然一只风筝飘落到张逸民面前。他拾起风筝，有感于此情此景，在上面写了一首诗。不一会儿，镇台府中的丫鬟翠莲前来寻找风筝，两人由此相识。

有一天，镇台夫人看见了风筝上的诗句，认为翠莲在外面有私情，将她关进了柴房。镇台早就垂涎于翠莲的美色，担心翠莲因此离府，便告诉镇台夫人要纳翠莲为妾，并且要镇台夫人好好劝慰翠莲。翠莲的好姐妹秋香无意间听到了这些话，便连忙到柴房告诉翠莲这件事。翠莲听后忧愤交加，决定逃出镇台府。在秋香的帮助下，翠莲换上了男装，连夜逃离了镇台府。

　　翠莲连夜逃离，在路上遇到了谢宝和老仆林伯，她曾听张逸民说过这两人为人正直，便上前求助。翠莲谎称自己是张逸民的同乡，想去看望张逸民，但是没想到迷失路途。谢宝不疑有他，便将翠莲带到了琼山书院。

　　张逸民看见一个书生来访，还以为是来与他讨论诗文的。翠莲顺势念出张逸民写在风筝上的诗句，张逸民大吃一惊。随后，翠莲将镇台夫妇的所作所为告诉了张逸民。

　　张逸民听后又喜又忧。喜的是翠莲成功逃出镇台夫妇的魔爪，平安地来到此处。忧的是镇台的势力极大，琼州书院可能不能保护翠莲的安全。于是，他问翠莲愿不愿意随他回乡，翠莲表示愿意，张逸民便将翠莲藏在书院，思考回乡之策。

　　此时，镇台听说一名貌似翠莲的男子跟着谢宝进了书院，立刻带兵包围了书院。张逸民见此事已经连累到了自己的老师，就将事情的来龙去脉都告诉了谢宝。

　　谢宝听后，虽然责备张逸民做事鲁莽荒唐，但还是决定成全他们俩。

谢宝来到府外，对镇台说，武官不能随便搜查书院，不见道台大人的手令，镇台的兵丁不能进入书院。镇台无法，只能命令兵丁将书院围住，随后让谢宝和自己一同去找道台大人。

　　谢宝利用此机会，将翠莲藏在轿中。轿子走到半路，轿夫便谎称自己的身体不舒服，抬不动轿子。谢宝顺势下轿步行，并且嘱咐轿夫休息一下再赶上他们。等镇台走远了，翠莲从轿子里出来，藏在一个隐蔽的地方。这样一来，镇台搜查书院当然不会有任何收获。镇台的兵丁走后，张逸民赶去和翠莲会合，两人一起远走高飞。

　　此后，张逸民与翠莲在乡下结为夫妇。翠莲负责操持家务，张逸民继续读书，终于考中进士，成就一段佳话。这个故事在海南流传了二百多年，1956年徐韬将这个故事搬上了屏幕，拍摄了粤剧电影《搜书院》，琼台书院从此被更多的人知晓。人们来参观琼台书院，回味当年那段传奇的爱情故事，也在怀念和丘浚一样智勇双全的谢宝先生。

乾坤有正气在此楼中
——五公祠

位于海口市东南角的五公祠被誉为海南第一楼，建于明朝万历年间，在光绪十五年（1889年）重修。这里祭祀着五位贤臣名相，这五人都不是海南当地人，而是在政治上郁郁不得志，被贬谪到海南的名臣。

唐大中四年（850年）正月，63岁的李德裕抵达崖州（今海口）。这位在唐文宗和武宗时期出任宰相的老臣，虽然曾经安定过家国，但是却因为朋党之争来到了遥远的海口。

李德裕经常登上崖州城楼，遥望万里之隔的京城，并且写下了"独上高楼望帝京，鸟飞犹是半年程，青山似欲留人住，百匝千遭绕郡城"的诗句。

唐大中四年（850年）十二月十日，李德裕来到城南的一座小道院，见一老道人将一个葫芦挂在墙上，身患重病的李德裕便询问其中是否装有药物。道人回答道："现在的朝廷朋党之争太多，很多贤臣被贬谪到崖州，最后郁郁而终。贫道敬佩这些贤士，将他们的骨灰收集在葫芦中，等后人来的时候可以有地方悼念。"李德裕听后沉默不语，当晚在寓所心痛而死，这时他到海口不过一年。

和李德裕一样，五公祠中祭祀的其他四位贤臣：李纲、赵鼎、胡铨和李光都是曾经为国家的安定做出过贡献的贤臣，后来贬谪到海南岛。这四位都是南宋时期的主战派，在金兵入侵的年代被秦桧等投降派迫害至海南岛。

这五位贤臣被贬谪到海南，虽然是他们个人的不幸，但是却是海南人民的福气。来到海南后，他们为海南兴修不少公益事业，还为海南人民带来了中原文化。

现在，我们在五公祠中看到的历代文人题咏和楹联，都是代表了后人对五公的崇敬之情。站在五公祠上凭栏眺望，看这么多年没有任何改变的五公祠，才会真正地体会到时间的公平性。那些迫害五公的人可能没有想到，即使让他的政敌在官场中受挫，但是只要为百姓做实事，就可以获得百姓的万年敬仰。

白玉蟾与文笔峰
道家文化苑

海南省定安县内的文笔峰，与定安南丽湖山水相依、行意相生，是旅游的好去处。但是相较于自然景观，这里的人文景观似乎更吸引人。文笔峰自古就被视为"南溟奇甸"人文之大成的象征，也是海南人文景观的一个缩影。在这里，出过很多钟灵毓秀般的人物，其中最负盛名的是道教南五祖之一——白玉蟾。

白玉蟾出生于海南琼州，少时有名，十二岁便举童子科。但是在他应该按照大家想象中那样，考取进士，进而封官拜相时，白玉蟾却突然弃儒入道。告别家乡，云游四海去了。

看似白玉蟾不想与朝廷有任何的牵扯，但是他为人们所知的几件事都与朝廷有关。

嘉定十一年（1218年），宋王朝要在西山玉隆万寿宫举行国醮，朝廷发现已经修炼成道宗的大师白玉蟾仙游于此，便马上派遣使者请白玉蟾来主持国醮。虽然白玉蟾不愿意出这个风头，再三推辞，可是挨不住使者的软磨硬泡，只能受命为国升座。

在西山国醮结束后，朝廷又来请求白玉蟾到九宫山去主持国醮。而在九宫山举行国醮的时候，天上出现了祥瑞之兆。马上有人将这个现象告诉了当时的皇帝宋宁宗。宋宁宗听后龙颜大悦，下旨召见白玉蟾。但是这时的白玉蟾做了一件大多数人都不能理解的事情——消失，准确地来说，是逃跑。

从古至今，无论是官吏还是平民，无一不以被皇上召见为荣。但是对白玉蟾来说，皇帝召见与否，都不会动摇他追寻大道的信念。

然而白玉蟾在替朝廷举行国醮时出现的祥瑞，也不能阻止这个王朝日渐衰落的态势。当时的宋廷，重臣只想着如何打败自己的政敌，好让自己在朝中的势力更加强大。整个王朝乱成一锅粥，没有人想怎么样才能让百姓的日子更好过。而与此同时，西北的蒙古国如同一头草原狼，对衰落的中原虎视眈眈。

嘉定十五年（1222 年），四年前拒绝皇上召见的白玉蟾，带着奏折来到临安城，要求面见皇上。他想和皇上谈论的，不是如何求道成仙，而是如何让这个国家强盛起来。

白玉蟾曾这样评价自己："喜谈兵而不喜博弈，喜纵横家而不喜猜博。"他伏在宫门前，呈书请求面谏皇上时，他自信只要皇上接见他，他一定可以给国家献上有用的计策。

然而他跪了很久，只有一个太监出来接下他的奏折，并不客气地将他打发走了。在皇帝心中，你白玉蟾不过是一个道人，和你谈论生死鬼神之事尚且可以。治国用兵之策，怎么轮得上你？

被皇上拒绝的白玉蟾只能离开临安城，再次踏上修道之旅。六年后，白玉蟾消失了，就连他最得意的弟子都找不到他的行踪。很多研究白玉蟾的学者认为，这位道家大师在生命的最后岁月，做出了一个很多人都能理解的选择——回家。

他回到了自己的家乡琼州，并在文笔峰修炼。现在文笔峰的石台上仍然留着两个脚印，相传就是白玉蟾留下来的，而文笔峰也因此被人称为"蟾山"。

既用来纪念也用来祭祀的西天庙

进入得胜沙路 65 号建设银行旁边的小巷，走 50 米，经过排档和集市就看到了西天庙。海南有很多纪念怀才不遇的名士的地方，五公祠如是，西天庙亦如是。

西天庙祭祀的是明朝名士王佐。王佐是海南临高县人，师从一代阁老——丘浚，他博览群书，才华横溢，与丘浚、海瑞、张岳崧等人被后人并称为"海南四绝"。遗憾的是，王佐在入仕以后二十多年间，一直徘徊在高州府、邵武府、临江府同知等官职上，在官场中一直都没有取得很大的成就。

虽然王佐在官场上一直没得到重用，但是他从没有对朝廷失望过。王佐擅长赋诗，被称为"吟绝"，著有《鸡肋集》《经籍目略》《琼台外纪》等书。他在诗词中表现出来的忧国忧民情怀，一直被人们称道。他的老师丘浚曾这样评价他："所有从者，尤以王桐乡为最"。而又因为他为官清廉，爱民如子，所以有"为官人称明仁司马，作诗堪比唐宋大家"之称。

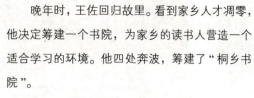

晚年时，王佐回归故里。看到家乡人才凋零，他决定筹建一个书院，为家乡的读书人营造一个适合学习的环境。他四处奔波，筹建了"桐乡书院"。

感念于他对当地文化的贡献，曾有人如此称赞桐乡书院："最是桐乡心独苦，三间茅屋可能支"。因为他为后人留下了一笔丰富的文化遗产，当地人开始祭祀他，其中以西天庙最负盛名。

在民间有很多关于祭祀王佐的传说，其中最为出名的是出海前祭祀王佐的故事。

相传，在古代海口附近有一个小渔村，那里的海湾风浪很大，即使是最老练的渔民，都有可能在那个海湾丢掉性命。直到有一天，当地的村民发现，只要在出海期间祭祀王佐，就可以让海不扬波，让外出的渔民平安归来。而后，渔民便养成了祭祀王佐的习惯。

而作为祭祀王佐最为出名的庙宇——西天庙，自明代建成以来，香火鼎盛，香客不绝。屡毁屡建，一直保存至今。

小贴士

西天庙的美食有很多，这里的猪血汤、九层糕、甜薯奶、酸辣菜粉、紫薯糖水、甜面条等海南美食，物美价廉、口味正宗。门口有一位在此摆摊二十几年的老婆婆，软糯的甜薯奶和乳香甜润的九层糕是这位阿婆的招牌小吃。

巾帼英雄第一人
——冼太夫人庙

几棵大榕树下安静地矗立着一座寺庙，庙门前张灯结彩香火鼎盛，这里就是位于海口龙华区新坡镇的冼太夫人庙。这座庙是明代进士梁云龙于万历三十年（1602年）为纪念冼太夫人所建，后来历经修缮，有400多年的历史。

登上台阶走进冼太夫人庙，映入眼帘的是庭院中的雕像。这是一座冼夫人的骑马雕像，一身戎装的冼夫人，骑在马背上，英姿飒爽，仿佛可以看见当年的英姿。

冼夫人，又被后世称为谯国夫人，南北朝时期的广东高凉人，后被岭南当地的百姓共举为王，使岭南一带长期免于动乱，是一位不可多得的女英雄。

南北朝时期，南梁罗州刺史冯融来到岭南任职，发现当时岭南的地方部族势力强悍，朝廷派遣的官吏来到这里很难施政，于是他一直都想争取地方势力的支持。有一次，他听说高凉冼氏一族首领的女儿已经到了出嫁的年龄，他早就听说这名女子在家就极具政治才干，而且冼氏一族是整个岭南部落的旺族，世代为南越首领，有部落十余万家。于是在梁大同初年（约535年），冯融重金礼聘这位女子为儿子高凉太守冯宝的媳妇，这名冼族女子就是冼夫人。

成婚后没过多久，冼夫人就显示了自己的军事才能。

梁武帝太清二年（548年），河南王侯景叛梁。后来，高州刺史李迁仕出兵盘踞大皋口，派遣使者请冯宝共商平叛之策。冯宝不疑有他，正准备出发，冼夫人劝告他不要去，说："刺史无缘无故召你前去，肯定是想逼你一起造反。"

冯宝惊奇，问妻子原因。冼夫人说："朝廷要求他支援京城，他却称病不去，其中必有蹊跷。听闻他最近私下铸造武器，集合人马，反迹已显。现在召你前去，无非想劝你一起造反。你若不肯，就将你作为人质，以调动你的兵马。"数日后，李迁仕果然反梁。

李迁仕反梁后，冼夫人对丈夫说："李迁仕将自己的猛将调离，现在正是消灭他的好时候。但是如果硬攻，免不了一场恶斗。不如由我去，他不会防备。"于是，冼夫人带着1000名壮士挑着礼物，暗藏兵器，来到高州城中。当夜就攻下了高州城，李迁仕败逃。而后，冼夫人又乘胜率部清理了李迁仕反叛余部，平定了叛乱。

冼夫人还奏请梁武帝在海南设立崖州，恢复了自汉元帝起中央王朝放弃了580年之久的海南岛实际统治权，并且亲自主持了海南岛归属中央政权的重建工作。

先生如万年青草
——访海瑞墓园

明朝是中国历史上一个十分强盛的王朝。但是天下合久必分，分久必合，再强盛的王朝也会走向衰败。海瑞历经正德、嘉靖、隆庆、万历四朝，这个时间段正是明朝由盛转衰的阶段，也是内忧外患接踵而至的时期。

那时，如果要保护人民的利益，就不可避免地与贪官污吏发生冲突。这样的官员，往往不能在官场中混得风生水起，甚至可能会因为得罪当权派而遭到贬谪，海瑞就是其中之一。他敢于惩办浙直总督胡宗宪家的恶霸公子，迫使内阁首辅大学士徐阶父子退还侵占的田地，是个官场中的"刺头"，却是百姓心中的"海青天"。

海瑞墓在海秀大道右侧的滨涯村，是万历皇帝派许子伟在万历十七年（1589年）修建的。

鲁迅先生曾经说过："我们从古以来，就有埋头苦干的人，有拼命硬干的人，有为民请命的人，有舍身求法的人……虽是等于为帝王将相作家谱的所谓'正史'，也往往掩不住他们的光耀，这就是中国的脊梁。"来到海瑞墓园祭奠海瑞，感受时光荏苒，历经沧桑，中国的脊梁——海瑞一直活在我们心中。

打响海南抗日第一炮
——秀英炮台

从金贸中路爬上三层楼高的山坡，踏上世贸南路就可以看到秀英炮台的西门。秀英炮台是清政府为抵御法军入侵而建，历史上曾怒吼过两次。

光绪十七年（1891年），秀英炮台竣工。两广总督张之洞巡视海南，观看秀英炮台试炮，炮台发出了震撼列强的第一声怒吼。

第二次是在抗日战争期间。1939年2月，日军的军舰在海南的海域游弋，当时驻守在秀英炮台的警备司令王毅下令开火，警告猖獗的日寇。几日后，国民党的军队接到命令准备撤离。这时，日寇趁机来犯海口。秀英村的炮兵利用这座清末修建的炮台，给来犯的日军沉重一击，打响了海南人民抗日第一炮。

如今，战火已歇，我们也可以进入这个重要的军事设施，回想当年秀英炮台的怒吼声。

秀英炮台曾因修缮的缘故，不对外开放。现在已经修缮完毕，游客可以进去参观。炮台分为两个部分：第一部分是五门大炮的平台，可以进去感受大炮是如何运作的；第二个部分是展示大炮的大道。炮台并不大，用半个小时游览足矣。

冯白驹故居和守护故居的老人

在长泰村浓荫如盖的树林旁，便是冯白驹将军的故居。这个普通的海南农家院，曾经生长着一位功勋卓著的无产阶级革命家。

在冯白驹的故居中，你总能看到一个带点口音的海南当地人。他会热情地招待你，详细地给你介绍一砖一瓦下的故事。他不是政府准备的专业导游，而是冯白驹将军的亲人。

1984 年，海南政府重新修建了冯白驹故居。冯白驹的堂弟冯裕兴就成了第一代看守故居的导游。在冯裕兴的记忆中，自己的堂哥总是很忙，也很少回家。由于当时严峻的革命形势，冯白驹回家也只能等太阳下山后，天明之前就要离开。

在十二岁就参加村里儿童团的冯裕兴心中，自己的堂哥是一个英雄。虽然不能像堂哥一样为革命奉献热血，但是起码要守护好这片故居，让每一个来故居游览的游客都能感受到堂哥的精神，珍惜自己所在的和平年代，进而为祖国贡献一份心力。

于是，冯裕兴老先生就成为了一个全能的导游。开门、关门，打扫卫生、为游客讲解冯白驹将军的生平，都是老先生的工作。很多游客很喜欢这位带着口音的导游，尽管他的普通话不太标准，有时候会夹杂着一些方言，但是比起看枯燥的介绍，游客们更喜欢听老先生讲述藏在花草背后的故事。

在冯白驹故居工作了二十多年之后，年近八十的冯裕兴将看守冯白驹故居的任务交给了自己的长子冯尔动。他要求儿子熟读《冯白驹将军传》，以便更熟练地向游客介绍冯白驹将军。虽然已经退休了，冯裕兴还是经常会和自己的儿子一起守护故居，他会提醒儿子哪里要修了，哪里要换了，游客来的时候应该着重介绍哪些历史事件。

在老人心中，这里是冯白驹将军出生的地方，也见证着冯白驹参加革命的经历。能向更多的人传播将军的事迹，是老人在有生之年最大的愿望。

见证过历史风云的邱家祖宅

穿过一条幽静的小巷，一座白色建筑出现在我们的眼前。在院子一角有一个纪念碑，上面刻着"全国重点文物保护单位中共琼崖第一次代表大会旧址"。这座具有典型琼北民居建筑风格的宅子，就是中共琼崖第一次代表大会召开的地方，也是革命者开始领导琼崖人民发展革命事业的地方，海口八景中的"琼崖丰碑"就是指这里。

这座二进三间合院式的琼北民居，属于红色商人邱秉衡。

1921年，18岁的邱秉衡以优异的成绩考上了广东省立第六师范学校。这是一座传播共产主义革命思想的学校，邱秉衡受到了当时进步青年的影响，开始阅读大量进步的书籍，并将自己的家变成了进步青年的聚集地。

后来，他来到上海大同大学读书。在那里，他经常跟着参加革命的舅舅叶文龙参加朋友聚会，听革命的演讲。他还曾经协助过叶文龙等人出版爱国书刊，和史丹一起当宣传员，参加学生运动，向年轻的学生传播革命思想。

1925 年，省港大罢工爆发。大学还没有毕业的邱秉衡匆匆赶回自己的家乡，与琼崖各界一起援助省港大罢工。这时，共产党人亟须在海口找到一个隐秘的场所，作为革命活动的联络点。

邱秉衡想到了自家的祖宅，那里空置、僻静，少有人烟，是最理想的秘密活动场所。他将自己的想法告诉父亲，可是父亲并不同意。邱秉衡动之以情晓之以理，反复地劝说自己的父亲，最终打动了父亲。于是，距当时国民党警备司令部（今大同宾馆）百米之隔的邱家祖宅，成为了中共党组织的秘密联络点。

1926 年 6 月，中共琼崖第一次代表大会在这里召开。大会期间，邱秉衡主动担负着联络和放哨的任务。此后，这座邱家祖宅一直是共产党人秘密活动的场所。"四二二"事变后，王文明、杨善集等琼崖共产党领导人曾长期住在这座宅子中。为了不被敌人发现，他们一边假装打麻将一边讨论事情，或者在庭院中以讲故事的方式来传达上级指示。

海南人与孙中山先生的渊源

$海$口市文明西路北侧矗立着一座中山纪念堂，这是 1925 年孙中山在北京病逝后，海口各界人士为了纪念这位革命先驱，集资修建的，纪念堂于 1926 年建成。

谈起海南与孙中山的渊源，不得不提到一个人——宋耀如。宋耀如是海南文昌人，在青年时期对多个产业都有涉及，但是他对孙中山的支持最令人吃惊。1894 年，宋耀如和孙中山在上海结识，一见如故。此后的整整二十年，宋耀如一直都是孙中山政治上的忠实追随者。

有人认为，年轻时的宋耀如也有着治国平邦的梦想，但是当时黑暗的社会让他难以看见希望之光。孙中山的出现，点燃了他年少时的梦想。在当时的人看来，孙中山所持的革命观点太过冒险，而宋耀如作为一个商人，首先要保全自己。但是宋耀如相信孙先生的革命一定会取得成功，会为当时处在黑暗中的中国人民带来希望。

　　于是，他冒着杀头的危险，在自己的印刷厂中印制反清的宣传品；在革命危难的时候，他将自己的寓所提供给孙中山，将其变成孙中山的栖身之所和革命的联络站。可以说，他为孙中山的革命事业殚精竭虑，付出了所有的心血。

　　孙中山与宋家的渊源还不止于此，后来孙中山娶妻宋庆龄，成为了名副其实的海南女婿，文昌也被人称为"国母之乡"。

　　此外，祖籍文昌的林文英，也是孙中山的忠实追随者。据说，孙中山在泰国的时候，曾经暂住在林文英的家中，与其睡在一张铁床上。人们根据这个故事，将二人称为"一对兄弟"。

　　当然，孙中山身边还出现了很多来自海南的追随者，如琼籍南洋华侨黄登科、孙中山义子陈策、孙中山秘书陈发檀，"建国陆海军大元帅府铁甲车队"两任队长徐成章和高士第等。正是因为孙中山先生与海南有着千丝万缕的渊源，所以孙中山逝世的消息传到海南后，才会引发如此之多的纪念活动。发报刊纪念中山先生、集会悼念孙中山……在这样浓烈的纪念氛围下，集资修建中山纪念堂，似乎显得顺理成章。

听自由的号角
——革命烈士纪念碑

1950 年初，在琼崖纵队的接应下，中国人民解放军开始进行战前的准备。4 月 16 日，解放海南岛的战役正式打响。中国人民解放军正面强渡琼州海峡，胜利地登上了海南岛。4 月 23 日，海口解放。随后，登陆野战军和琼崖纵队一起追击南逃的国民党军队。5 月 1 日，解放军攻克海南西岸的八所港，海南岛全境获得解放。

现在人们提起那次登岛战役的时候，依旧将其视为一次神奇的岛屿登陆战。因为当时解放军乘坐的不是世界上最先进的军舰，而是简陋的木船，正是这次战役开创了世界军事战争史上木船打败兵舰的先例。

军事专家在评论海南岛战役获得成功的原因时指出，当时解放军有效地运用了琼崖纵队这支可靠的接应力量，才能突破敌人的海空封锁，成功登岛。

琼崖革命之所以能够坚持"23 年红旗不倒"，在于这些琼崖共产党人和革命军民为革命付出了所有的心血，有的甚至付出了宝贵的生命。在漫长的革命斗争中，留下姓名的革命烈士就有 2.3 万多人，而那些没有留下姓名的烈士就更难以计数。

建于 1954 年的海南革命烈士纪念碑，就是为了纪念坚持琼崖革命斗争和英勇渡海作战而牺牲的 2 万多名烈士。这座由大方块花岗岩石砌成的纪念碑，正面刻着"革命烈士永垂不朽"8 个大字。碑身的背面刻着朱德亲手写下的悼词："长期坚持琼岛革命斗争和英勇渡海作战而牺牲的同志们！你们是中华民族最优秀的儿女。你们的英雄行为，对解放琼岛和全中国起了不可磨灭的作用。烈士们的功绩永垂不朽！"

如今，每逢清明、国庆等重大节日，海南各界民众都会自发来到这座纪念碑前，缅怀这些为海南人民带来自由和希望的老一辈革命先烈。

两只紧握的大手
——云龙改编旧址

进入云龙镇，很快就能找到琼崖红军云龙改编旧址。一棵榕树下，两尊握手的铜像是云龙改编旧址的标志性建筑。

知道那段历史的人，一定对这两尊铜像不陌生。因为在七十多年前，正是在这个地方，两只大手紧紧地握在一起，标志着琼崖的抗日统一战线正式形成。

卢沟桥事变后，根据中共中央的指示，中共琼崖特委向国民党提出"停止内战，团结抗日"的主张，并表示可以在团结抗日的前提下改编琼崖工农红军。

随后，抗日大会在云龙的六月婆庙举行。在抗日大会上，改编的琼崖工农红军将番号定为"广东民众抗日自卫团第十四区独立队"，由冯白驹将军担任队长。参加大会的，不仅仅有中共琼崖领导、各界代表、琼崖国民党地方当局官员，还有自发从各地赶来的上万名群众。当然，他们不是来围观这一盛会的，而是来看看抗日的队伍是否还需要决心退敌的士兵。

33

第三章

现代风景，这边独好

海口拥有很多头衔，比如说"中国魅力城市""中国优秀旅游城市"等。的确，作为很多中国人心中的旅游胜地，海口拥有名不虚传的自然风光。茂密的热带丛林、奇特的火山遗址、洁白的沙滩，无一不让人印象深刻。

有人说，即使不去参观景点，单是在海边的长椅坐着发呆，也能感受海口这座蜚声国际的旅游城市带给我们的惬意。

访海口钟楼
——岸边长椅听钟声

长堤路的海口钟楼是海口市最重要的标志性建筑物之一。每次坐车经过长堤路的时候，都会看见这座矗立在现代建筑中的钟楼，像是在诉说历史的更迭。

咸丰八年（1858 年），海口被清政府设为对外通商的口岸。而后海口渐渐成为了一个举足轻重的港口城市，国内的船只和外来的商船日渐增多，港口贸易鼎盛。但是直到 1923 年，海口还没有一个统一标准的计时设施，给市民的生活和贸易带来了很多不便。

为了便利市民的生活，1928 年，爱国商人周成梅先生发动海外的侨胞集资兴建海口钟楼。建造者仿照了上海、广州等沿海城市的钟楼样式，最终修建了一座混合结构的大钟楼。钟楼共有五层高，墙体以红砖砌筑，白石灰塞缝。

旧海口钟楼曾经给市民的生活带来了很大的便利。但是随着时间的变迁，社会的发展，落后的辘轳操作已经不能适应时代的需要。在 1987 年，海口市人民政府将旧海口钟楼改建，厚重的大理石钟面变成了直径 2 米的塑料块，依旧是每 30 分钟报时一次，但是在报时的时候，大喇叭中会播出清晰、洪亮的电子音乐。

虽然现在的钟楼中传出的是具有现代特色的电子音乐，但是还是能唤起人们对往日的眷恋，改建后的钟楼被命名为"古钟新声"，是海口八景之一。

钟楼下的景色也不能被忽视。钟楼临水而建，正面是入海口，南面是中山横街和中山路，北临海甸溪。临到傍晚，夕阳斜照在钟面上，往来的船只停靠在堤边，波光粼粼。坐在岸边的长椅上，听着鼓楼的钟声，遥望天边的晚霞，仿佛一天的疲倦都消失了。

府城鼓楼
兴衰更替中不变的

鼓楼原名谯楼，又称文明楼。据记载，府城是古代海南卫的所在地，当时有东南西北四座城门，而鼓楼坐落于城中正中偏南的位置，是一项重要的军事设施，担负着保护百姓的重任。

明洪武五年（1372 年），海南卫指挥使王友建造了鼓楼。随后，后任的海南卫指挥使李泰又扩建了塔基。万历十六年（1588 年），鼓楼遭遇火灾。次年，当时的官员将其移建至东门。后来郡守涂文奎又将它移到原址复建。万历三十三年（1605 年），琼山地区发生大地震，鼓楼也随之塌毁。次年，尚书王诲遂重建鼓楼，才是我们今天看到的府城鼓楼。

虽然鼓楼屡建屡毁，屡毁屡建，看似命途多舛。但是它拥有出色的军事功能，曾经保护过琼州府的百姓。在明代，倭寇猖獗，多次侵扰我国沿海城市。这些日本强盗十分的狡猾，每次都是突然袭击，又因其擅长海战，当时的明朝政府一直都没有找到消灭他们的办法。

在当时，鼓楼是海南军民打击海盗的一个重要指挥所。鼓楼上的大铜钟就是报警器，一发现倭寇立刻敲响此钟，海南的军民可以提前做好抗击海盗的准备。相传，现在海口市的得胜沙路，古代被称为外沙。道光二十九年（1849年），海盗来袭，海南的军民奋力反击，经过几天的激烈战斗，最后战胜海盗于外沙，因此外沙被改名为"得胜沙"。

府城鼓楼还是观景的好去处，拾阶而上，可以登楼远眺海天一色的美景。在古代，鼓楼就是旅游胜地，曾有诗人如此赞美登楼后的景色："百尺危楼瞰大荒，万家烟火正微茫；浮图七级凌霄汉，荡海千帆破夕阳。"虽然"岁岁年年人不同"，但是"年年岁岁花相似"。世事变迁，山海美景却永远不会改变。今天登楼观景，我们可以一边了解鼓楼的历史变迁，一边欣赏府城的新气象。

探寻特色老街
——海口骑楼老街

人们探访一座城市时，总是想寻找一条有特色的老街，而海口的骑楼老街就是人们理想中的街道。漫步在骑楼老街上，你能感受到海口的特色文化和人文气息。

晚清时期，海口成为全国对外开放的口岸之一，贸易逐渐繁荣。当时在南洋谋生的人开始回到家乡，投资建设。1849 年，在水巷口、博爱北路一带建成了最早的骑楼。随后，越来越多人回到家乡，骑楼街区从此延伸开来，并形成了一定的规模。

骑楼街区也反映了当时的文化特征。当时的海口海运航线可到达曼谷、吉隆坡、新加坡、西贡等地，所以海口也变成了传播南洋文化的载体。东南亚的商户和劳工们来到海口，也将他们国家的文化和风土人情带到了海口，进而形成了混合亚欧文化的街道景观。

海口骑楼建筑既有中国古代传统建筑的特色，又受到西方建筑的影响，还有南洋建筑以及装饰的风格。如果仔细观察，还会在其中找到印度和阿拉伯文化的影子。这些建筑风格汇聚到一起，形成了独特的骑楼风格。

即使不明白这些建筑风格是什么也没关系，只要有一双欣赏美景的眼睛就可以了。骑楼中优雅细致的雕塑，以及门窗、凭栏上精美的雕花，已经让我们置身于风景画中。

骑楼参差错落地连在一起，屋前的长廊可以连接起整个街区，为往来的行人提供了一片可以遮阳避雨的天地。

当时海口最高楼——五层楼，现在依旧矗立于得胜沙路。它一度是海口市的标志性建筑，是时任法国银行驻越南防城总代理吴乾椿，用从南洋运回来的石料修建成的。它是当时海口市最大的旅馆，很多政要和富商都选择在这里休闲。

在现代，我们越来越常遇到"邻里老死不相见"的状态。但是骑楼老街中却拥有着十分和睦的邻里关系，这是因为在老街的居住模式中遗留了很多有趣的邻里空间。比如：生活在老街中的人会心照不宣地一起供奉土地爷；每逢过年的时候，家家户户都会参与社区举办的"点龙灯"活动。

漫步老街，会有一种时间都慢下来的感觉。老街中最常见的就是茶馆和咖啡馆，茶馆是老年人的天下，你会看到白发苍苍的老人精神抖擞地与同伴讨论当下的时事，他们对未来依旧满怀希望。

小贴士

这里交通方便，可以先乘坐 21 路、3 路、5 路、6 路、7 路等公交车抵达钟楼，下车后向前走 500 米右转就是骑楼老街。如果找不到，可以先找钟楼，钟楼对面的建筑群就是骑楼老街。

门口土地

最不像商业街的海口中山路

曾 有人说过，有多少座城市，就有多少条中山路。中山路被人看做是一座城市的代表，也是这座城市最繁华的地方。的确，要了解这座城市，就不能错过这座城市的中山路。

海口的中山路虽然是商业街，但是两旁的骑楼建筑为这条路增添了一份文化气息。作为海南最古老的商业街，中山路是海口旅游的新地标。漫步海口中山路，你会发现这条路充满着文化氛围和休闲小资气息，画廊、陶艺馆、工艺品店随处可见。你可以去曾经引领贸易的安记，现在那里用来展示骑楼的文化和海口的前世今生。

走过青石板路，到中山路享受一个下午的闲暇时光吧。在工艺品商品里挑选几份合适的伴手礼，然后选择一家古色古香的咖啡馆，点一杯香浓的咖啡，坐在窗边看人来人往，让时光缓慢地从身边滑过。

休闲娱乐好去处
——白沙门公园

公园有很多种，位于海口市美兰区海甸岛的白沙门公园，就是一座适合休闲放松的公园。白沙门公园占地 60 公顷，北临琼州海峡，是一座开放性的娱乐公园。

走进公园之后，你会发现这里是孩子的天堂，有的孩子一进公园就迫不及待地向"白沙门儿童游乐园"奔去，父母只能在后面无奈地叮嘱："小心点，别摔了！"

这里还是妈妈心中最佳的周末休闲地。约上好友，带上自己的孩子和父母，来到白沙门公园。孩子可以在旁边玩耍，老人可以来呼吸一下新鲜的空气，和来锻炼的同龄人交流打太极的心得。自己可以找一个阴凉舒适的地方，和朋友分享自己的喜悲。

公园里有湿地景区，这大概是白沙门公园与海口的其他公园最不同的地方。这里有完整的水系，水中还建了一座小沙洲，走过木桥，就可以到达沙洲。

公园里的树木茂盛，特别适合休闲散步。对生活在内陆的我们来说，最大的惊喜就是可以看到海。公园旁边就是琼州海峡，细腻的沙滩、平缓的海岸线都让人留恋。为了市民的安全，这里是不允许下海的。但是坐在海滩上吹着海风，也已心满意足。当然，傍晚在海滩漫步是最惬意的事情，听着海浪拍打着沙滩，看着太阳一点一点地落下，恍惚觉得自己已然变成了当地人。

在我们要离开这里的时候，发现傍晚的白沙门公园成为了老年人的天堂。这时，白天不停运转的游乐设施已经停止，孩子们也已经兴高采烈地回家了，取而代之的是精神抖擞的老年人。他们提着剑，穿着统一的服装，像嵩山少林寺晨练的小沙弥，专心致志地舞剑。

看海南省博物馆中的
百年沉船

2008 年才开馆的海南省博物馆，是省级博物馆中最"年轻"的博物馆。它位于海口市国兴大道，省文化公园的东边。1984 年前，海南省博物馆是省级博物馆中唯一一个只有名字而没有馆舍的博物馆。1984 年以后才正式开始筹建。

很多人去海南省博物馆，是奔着宋青白釉花口凤首壶、越王亓北古剑、唐三彩马这三件国宝去的。其实，除了这三件国宝，我们还可以将自己的注意力放在一项特别的研究成果上——水下考古。

海上丝绸之路是已知的最古老的海上航线，丝绸之路的贸易始于汉武帝时期，并在唐宋时期达到鼎盛。由于海上的航线更适合运载笨重的瓷器，因此到了宋元时期，瓷器逐渐成为主要的出口货物，而海上丝绸之路也被人称为海上陶瓷之路。

800多年前，一艘载满瓷器的宋代货船航行到西沙华光礁的时候，不幸触礁沉没，船员无一幸免，船上的瓷器也随之葬入了大海。由于当时没有足够先进的技术来寻找沉船的位置，所以没有人知晓船员的遗体和这些瓷器埋葬在大海中的哪一个位置。直到1996年，琼海市潭门镇的渔民在华光礁环礁内侧发现了这艘沉睡了800多年的巨舶。

1998年，海南省文物部门对其进行尝试挖掘，共挖掘出1800件文物。2007年到2008年间，国家博物馆首次对其进行水下考古，再次挖掘这艘南宋沉船，共计出水1.1万件珍贵的南宋瓷器。2011年，海南省博物馆首次展出"华光礁1号沉船特展"，并于2013年荣获第十届全国博物馆十大陈列展览"精品奖"。因此，如果你再到海南省博物馆，最好不要忘记听这艘沉睡在海底800多年的巨舶的故事。

小贴士

和大多博物馆一样，海南省博物馆免费对游人开放。但是每天限量3000人，16:30停止发票，想参观的朋友最好早点去。

珍稀的植物　玄科技馆里欣赏

位于海口市东郊的海南珍稀植物科技馆，是海南首个珍稀植物科技馆。占地 110 亩，馆内分为实物展示区、珍稀苗木种植培训区、科普长廊展示区以及幻灯展示厅。

海南的珍稀植物有 3000 多种，现在该科技馆中有 430 多种珍稀植物。其中，已经种植海南黄花梨 2000 多棵，白木香 3000 多棵。同时，珍稀植物科技馆还实施了北花南移的项目。现在我们可以在科技馆中看到热带兰花、菏泽牡丹、玫瑰、月季等，这里是植物爱好者的好去处。

如果累了，还可以在科技馆中好好地放松一下。科技馆开设了咖啡茶艺、特色餐厅、高尔夫推杆练习场、垂钓、种植体验区、旅游与科普等项目。在周末的时候，去看看珍稀植物，随后体验种植的快乐，是何等的惬意。

来生物多样性科技馆见美人鱼

位于海南师范大学龙昆南校区的海南省生物多样性科技馆，是海南省的第一个自然科学类博物馆，展厅面积有 1200 平方米，主要有海兽多样性展厅、海南生物多样性展厅和龟鳖馆三大展厅，还配有一个演播厅和一个标本储藏室。

海兽多样性展厅主要介绍了海南海兽的特征、分布、习性，以及人类给它们带来了怎样的威胁。从多个角度帮助我们了解这些海兽，并以标本、展板和图片形式展示了海兽的多样性。在这里，我们可以看到斑海豹、北海狗、长吻原海豚、热带真海豚的标本。喜欢看童话故事的朋友，还能看到传说中的美人鱼——儒艮的骨骼和内脏标本。

另一个展厅——海南生物多样性展厅，展示了海南的各种生物。科技馆还会结合时下的热点问题，不定期地举办科普展览，比如科技馆曾经举办过"抗击埃博拉病毒""鸟类与禽流感"等科普展览。这里是帮助社会公众，特别是中小学生了解环境，树立环保意识的地方。

中国最大的野生灵芝科技馆

坐落于海口市龙昆南路的海南省野生灵芝科技馆，是我国最大的野生灵芝科技馆。占地1600平方米，分为科普馆、标本馆、专利馆、名医馆、产品馆、原始森林馆、阳光加工检测中心，有100多种野生灵芝药用真菌标本。

海南省是我国野生灵芝产区之一，野生灵芝科技馆正是依托海南省五指山等地的自然资源，成为中国馆藏野生灵芝最丰富的科技馆。

北宋诗人秦观曾这样形容灵芝："草之有芝，犹鸟之有凤，兽之有麟，从古相传，以为瑞物。"将其比作传说中的凤凰和麒麟，可见灵芝的珍贵。如果你对野灵芝感兴趣，就不要错过这个地方。

海口市风光最美的交通干线

海口是一座滨海城市。那么你是否知道要到哪里才能看到最美的海景？很多海南人会给你这样的答案：滨海大道。滨海大道东起滨海立交桥，西至世贸北路段，全长 2300 米，专门设置了骑行道和步行道，是骑行爱好者最倾心的道路。

从世纪大桥开始，一直向西延伸至海口火车站附近，美丽的椰子树在路旁摇曳。骑行而过，就像在椰林中穿梭一样。过了海口秀英港，就是真正的滨海公路，大海就在道路的旁边。吹着海风，听着海浪的声音，幸福感油然而生。

滨海大道上设置了不少的公交站点，如果走累了，可以坐上一路公交，让它带你驶向前方。蜿蜒的自行车道和步行道，连通了万绿园的慢行道路，将点状的景点连成了一片。所以有人说，行走于滨海大道，处处都是景点。

欣赏中国少有的热带雨林景观

热带雨林栖息着地球上超过一半的动植物，是大自然赋予我们最宝贵的资源之一。那么，我们可以到哪里欣赏热带雨林的景观？在我们国家，除了云南的西双版纳，就是海南岛的东寨港国家级自然保护区。

东寨港国家级自然保护区位于海南省东北部，处于海口市和文昌市的交界处，是我国第一个国家级自然保护区。其中，海口东寨港片区的红树林是我国目前面积最大的红树林，也被誉为"海上的森林公园"。这里一年四季，甚至早晚的风景都不一样。白天海上退潮，红树浮出了水面，让人们可以一窥它的真面目。晚上海上涨潮，茂密的红树林会被海水淹没，只留下翠绿的树冠。

东寨港的由来，可以用沧海桑田四个字形容。1605 年，琼州地区发生了大地震。这次地震沉没了 72 个村庄，让陆地变成了海洋，从而形成了东寨港。这里的海底村庄奇观也是我国唯一一个因地震导致陆地陷落成海的古文化遗址，如今在退潮时，还能够从东寨港至铺前湾一带的海滩上看到古村庄废墟。

进入东寨港以后，我们没有再感受到过暑气。特别在观景的楼顶上看整片的红树林时，脚下飘扬的树叶会给你带来阵阵清凉。我们在上面坐了很久，不愿意离开。

小贴士

交通：在五公祠乘坐到曲口的中巴，可以直接抵达红树林景区门口。车程 1 个小时。

门票：不需要门票，但是景区内的其他游玩设施需要收费。

观鸟指南：进入 10 月后，有大批候鸟来此处过冬。冬季来东寨港，清晨和黄昏都可以看到大批的候鸟在此觅食、栖息。

美丽的海滨旅游胜地
——假日海滩

假日海滩位于海口市西部的滨海大道旁，西起五源河口，东到西秀海滩，北临琼州海峡，南至滨海大道，海滩全长6千米。距海口市中心区11千米，绵长的海滩边是一望无际的琼州海峡，海滩的另一头错落着度假村、宾馆、游乐场等，常有帆船出没，是休闲度假的好去处。

"假日海滩"这个名字的由来也十分有趣。1993年，海口市在市民中征集海滩的名字。当时，海南省委党校研究员夏鲁平先生也想参与这一征名活动。起初，他起了几个名字都不满意，因为他想要给这个沙滩取一个听上去就讨人喜欢的名字。

正在苦恼的时候，他忽然想到了夏威夷的WAKIKI海滩，并从海滩上的希尔顿假日酒店处得到了灵感——假日海滩。他希望拥有这个名字的海滩，能够成为人们心中的度假胜地，能够引领海口的休闲方式。现如今，我们知道夏先生的愿望达成了，假日海滩成为了人们来到海口不可错过的旅游胜地。

假日海滩有很多可供游客选择的娱乐场地，如沙滩排球场、沙滩足球场、烧烤园、椰林木屋、灯光篮球场等。来到这里，你总能找到最适合自己的娱乐方式。

沿着假日海滩，走上滨海大道，迎着海风散步是十分惬意的事情。晚上可以在海滩东边的剧场看演出，《印象·海南岛》就是一个不错的选择。要注意的是，最好选择夏天和秋天去假日海滩，因为春冬两季的海水太凉，不宜下海游泳。

中国为数不多的休眠火山群

海口石山火山群国家地质公园位于海口市西南石山镇，距市区 15 千米。虽然偏僻，但是对旅行者而言，这里是一个非常有意义的地方，因为这是中国为数不多的距今 1.3 万年的火山喷发活动的休眠火山群。从西线高速公路进入绿色长廊就可以到达地质公园，也可以开上绕城高速公路穿过整个园区。

公园拥有 30 多条熔岩隧道，保留了 36 座锥状火山口地貌遗址。其中马鞍岭火山口海拔 222.8 米，是琼北的最高峰。万年的火山，与现在的热带景观融合在一起，显得独特又美丽。

马鞍岭火山口景区是海口石山火山群国家地质公园的标志性景区。马鞍岭火山由南锥风炉岭火口、北锥包子岭火口及旁侧两个寄生小火山组成，因其形状跟马鞍类似，故而被称为马鞍岭。两边的两个寄生小火山犹如一对眼睛被称为眼睛岭，当然，它们还有一个更好听的名字：火山圣婴。这四座火山构成了一个火山家族，这个家族带给我们很多奇特的地质景观，比如说在景区里你会看到火山神道、岩石环廊、熔岩流、神秘的火山口等景观。

　　仙人洞也是让我们印象深刻的一个景点，参观完仙人洞，会让人真切地体会到什么是洞中有洞、天外有天。洞中随处可见各种各样的熔岩石乳，它们吊在岩壁上似落非落，让人不得不感慨大自然的鬼斧神工。走在洞中，会听到水滴的声音。奇特的是，水滴在不同的岩石上，就会引起不同的音调，仿佛在欢迎远道而来的客人。

　　仙人洞的上段因为多处塌陷而形成了多段熔岩隧洞，这些石洞有些像可以互相联系的蜘蛛网，有的像离奇又古怪的地下宫殿。好似这些石洞都是仙人施的障眼法，等游客散尽，它们才会回到原本的样子，而藏在仙人洞中的仙人才会出现。

石山火山群国家地质公园不仅仅有地质景观，还有人文景观。这里还保存着数千年前人们利用玄武岩建造的石屋、石塔和各种生产、生活器具。所谓靠山吃山靠水吃水，人与火山相伴的文化脉络，才是中国火山文化的灵魂。

此外，让我们印象深刻的还有火山标志以及一片造型奇特的酒瓶椰子林。进入地质公园之后，我们都会看到一个古铜色的象形文字——火，这个字与之后我们见到的椰子林形成强烈的对比。椰子林苍翠欲滴，生机勃勃，与可以毁灭一切的火互相映衬，反而让人感到生命的坚强。正如我们在到达火山底部的时候，看到万年前的火山熔岩早已被原始热带植物覆盖，不由得感叹时光的流转，再强大的力量也无法赢过时间。我身边的友人应景地感叹："看来生命无法永恒，只能延续。"

热带丛林中自由奔跑的野兽

海南热带野生动植物园建于 1995 年，园区面积为 1500 亩，有 200 多种奇禽异兽，280 科、700 多个品种的珍稀植物。不得不说，这里浓缩了海南岛动植物的精华。走进动植物园，如同走进了一个天然的大氧吧，这里的森林覆盖率高达 99%。参天古木，交织的藤蔓，还有人工开辟的丛林小径，让游人犹如置身在生机盎然的森林中。

在还没有看到野兽的时候，我们已经感受到了这座公园的魅力。一进入公园，就能感受到异常清新的空气，让人心旷神怡。这里宛如被一个大大的玻璃罩隔离开来，为园中的动植物提供了一个最佳的栖身场所。

游人在车行区可以选择自驾也可以乘坐园区的观光车，在这个区可以看到非洲狮、东北虎、黑熊等猛兽的自然生活状态。

　　参观完车行区的猛兽，就可以去步行区观赏相对温和的动物。沿着林间小路漫步，两侧的草木葱翠欲滴，曲径通幽，远离城市的喧嚣。步行区的动物一点也不怕游人，有时会看到孔雀优哉地走在路中央，孔雀与茂密的丛林相映成趣，构成了美丽的自然画卷。

　　狮虎兽家族是这个公园的明星，这里是创造狮虎兽繁殖成功奇迹的地方。狮虎兽，就是公狮子和母老虎结合的结晶。狮虎交配的受孕成功率是十万分之一，狮虎兽的成活率大概是五十万分之一。但是在 2006 年，雄狮小二黑和雌虎欢欢相爱后产下了 4 只狮虎兽，并且成功地存活了下来，不得不说是一个奇迹。

　　在情人桥上，我们可以欣赏到群猴跳水，偶尔也会看到猴妈妈带着猴宝宝游泳。大家如果想喂食的话，不要将食物粗暴地扔进猴群中。你只需要把食物放在手上，向它们伸出手，可爱的小猴子就会爬到你的身边，像个小孩一样，向你讨要食物。

　　参观完整个园区，可以去火烈鸟餐厅用餐。这里是游人休息、赏景的好地方，餐厅一共有1400平方米，可以同时容纳400多人用餐，所以完全不用担心坐不下。餐厅延续了动植物园的热带风情，餐桌、酒柜、吧台都是用原木制成，餐厅里有很多枝叶硕大的热带植物。坐在餐厅里，可以看到窗外婆娑的椰林和梳理着羽毛的火烈鸟，可谓窗里窗外都是生机。

玄观澜湖泡温泉、体验高尔夫

如果你问海口当地人要到哪里去泡温泉，他们肯定会告诉你去海口观澜湖度假区的火山岩矿温泉主题公园。我们去的时候是下午两点，人并不是很多，可供选择的温泉池有很多，我们泡一会儿就换一个温泉池，既解乏又开心。

观澜湖还拥有10个18洞锦标赛级球场，是世界最大的公众高尔夫球场，曾经有人说过"在海口观澜湖打球比去KTV唱歌还要便宜"。球场坐落在火山岩的地形上，旁边古老的树林和原生态的自然湿地，为这个高尔夫球场增添了一份古朴。高尔夫爱好者可以在这里享受多样化的专业高尔夫体验。初学者可以请一个专业的教练指导，一边挥杆体验，一边听教练的指导，相信你很快可以找到球感。

海口最雄伟的大桥
——世纪大桥

世纪大桥位于海口市龙昆北路北延长线上，主桥跨越海甸河，南端和滨海立交桥相接，北引桥和海甸岛海甸五西路相接。世纪大桥是海口的标志性建筑物，如同一条卧龙横亘在海甸河上，是去海甸岛的必经之地，也是值得一去的景点。

世纪大桥位于海口外滩、万绿园和美丽沙的交汇处，将海口的特色景点连接起来。以世界大桥为中心，我们可以看到大桥两翼无穷魅力的海岸线。当然，世纪大桥不仅仅具有人文魅力，还是海南重要的交通枢纽。世纪大桥是连通琼北沿海三市两县的中心枢纽，还是琼北滨海主干道的重要组成部分。

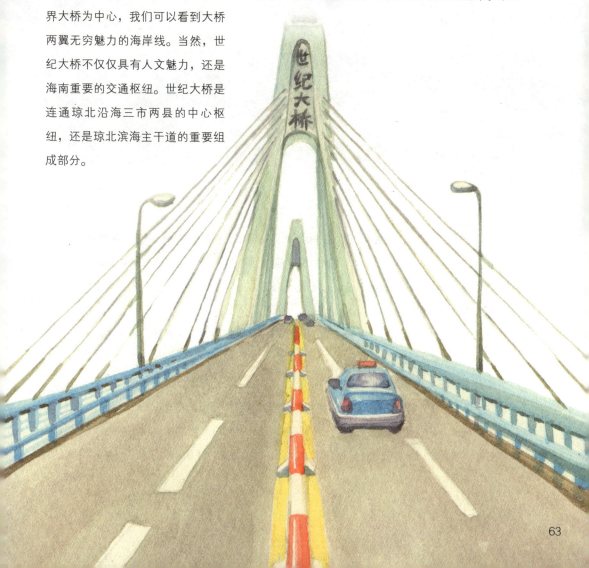

　　如果要登桥观光，需要去桥下的塔基处，那里有可以登桥的电梯，可以直接坐电梯到桥面。走在桥上，两边都是湛蓝的海水，海风吹来，遥望远处的海天一色，才会真切地感觉到自己身处海南——一个被海包围的岛屿。这里还十分适合喜欢摄影的朋友，因为在这里可以拍到海口市独特的风光。

　　世纪大桥离万绿园不远，在桥上看万绿公园，海天一色中一片翠绿，蓝色的海水和绿地互相映衬，让人心旷神怡。

　　白天的世纪大桥是安静的、沉稳的，晚上的世纪大桥绝对是海口最壮观的大吊桥。临到傍晚，桥上的霓虹灯全部开启，连接主塔的176根拉索都会被灯光点亮，流光溢彩，十分壮观。

　　虽然夜晚只能在桥下欣赏世纪大桥的景色，但是看着灯光通明的大桥，各色汽车从桥上飞驰而过，才能真切地感受到桥梁不仅仅是我们必需的通道，还是一种艺术、一种景观。

悠闲地感受热带风光
——万绿园

万绿园位于海口市龙华区东部，滨海大道的中段，是海口市最大的开放性热带海滨生态园林。如果想悠闲地感受热带风光，那么万绿园就是你最好的选择。万绿园占地1070亩，以海南热带观赏植物为主，园中栽种了近万棵椰子树和数百种其他的热带、亚热带观赏植物。

生活在热带的植物有着天然的优势，我们是在冬天探访万绿园，虽然北方已是白雪皑皑，但是万绿园还是如同它的园名一样——万绿荟萃，生机勃勃。偶尔还可以看见盛开的花朵，和我们同行的当地人说，这里一年四季都有盛开的花。不过要注意的是，虽然这里有很多热带植物丛林，但是可以遮挡太阳的树荫却不多，所以出门千万不要忘记自己在海南，一定要擦防晒霜。

　　万绿园是海口当地人十分喜欢的休闲公园，我们来时正是双休日，在这里可以看到练拳的老人、骑双人自行车的大学生情侣、带着小孩来玩的一家三口。到了傍晚，很多海口本地人都很喜欢来这里散步。如果你想体验一下当地人的生活，就不要错过万绿园。

　　如果你是一个喜欢赶时间，习惯走马观花似的游览景点的人，那么万绿园应该不适合你。万绿园，更适合那些喜欢散步和赏景的人。我们在万绿园中待了一个下午，还有幸看到一对新人在这里拍婚纱照。绿色开阔，海风徐徐，孩子在身边肆意地奔跑，好像感染了那对新人的气息，觉得整个空气都变得幸福而甜蜜。

　　当然，最美丽的应该是椰林尽头的大海，凭海临风，遥望远方如鹊桥一样横亘在海上的世纪大桥，不由得心情开阔，烦恼尽消。在万绿园，没有喧嚣和烦恼，只有安静和温馨。

电影迷必去的
冯小刚电影公社

如果你是一个电影迷，那一定知道冯小刚的电影公社。冯小刚电影公社成立于 2012 年，位于观澜湖海口国际高尔夫度假区。在这里，你可以感受《唐山大地震》的场景，也可以回到《非诚勿扰》的甜蜜氛围中。

电影公社包括三条主街，分别是 1942 民国街、老北京街和南洋街。

1942 民国街是电影公社最先开发的主街，是以冯小刚电影《1942》中出现的重庆街作为蓝本，结合了 20 世纪三四十年代长江流域城市的建筑特点，一共有 91 栋建筑，可以尽情地欣赏民国的风貌。此外，街道内还有主题酒店、旅游纪念品店和特色重庆饭店。如果时间充裕，可以在这里住一个晚上，让自己暂时穿越到民国时期。

　　南洋街是一条具有特色风情的街道。游览过骑楼老街的人，一定会对这里的建筑感到熟悉。因为，南阳街的建筑灵感就来自于珠江流域，特别是海口当地的建筑。在这里，你可以看到有南洋风格的码头、钟楼、牌坊。要是海口当地人来这里参观，或许会有一种回到过去的错觉。

　　影人星光大道是一条有很多明星手印的街道。第一批呈现手印的明星，大部分都来过电影公社。比如说葛优、陈道明、成龙、刘德华，这里还有外国明星的签名和手印，包括尼可·基德曼、摩根·弗里曼。在这条街道上，时不时有小姑娘举着自拍杆和自己喜欢的明星手印拍照留念。

　　这些街区还原了电影中的场景，在我们游览 1942 民国街的时候，同行的重庆朋友对街道上的情景很熟悉，他觉得这些街区高度还原了重庆老城区的风貌。走在这条街上，仿佛回到了重庆的磁器口古镇。

　　漫步于这些满是怀旧范的街道上，时不时会出现穿着民国校服的女学生，西装笔挺的中年男子，满大街卖报的小报童，以为只会存在于铜像中的卖糖葫芦的老人，还有蹲在路旁等着拉客的黄包车夫，好似真的已经回到了那个烽火岁月。

只有在看到带着各种现代装备的游客时，我们的思绪才会回到现实中。不过，一阵悠扬的老上海歌曲从留声机中飘出，又将我们拉回到了那个年代。如果走累了，可以选择一家古色古香的茶铺，静静地品一杯普洱茶，看着窗外人来人往，别有一番风味。

浓郁的怀旧气氛，和现代化的旅游商业区，将现在和过去联系在了一起，展现了不同时空的中国城市风情。在这里，你会产生一种错觉，好像自己拥有了机器猫的时光机，可以随意切换所在的时代。

小贴士

交通：乘坐从白沙公园出发的旅游3线穿梭巴士，以及从万绿园出发的旅游7线穿梭巴士，都可以抵达电影公社门口。

第四章

从"蛮荒之地"走出的英雄

　　在古代，因为天堑所隔，海南一直被人称为蛮荒之地。很多官员一听到要被贬谪到海南岛，就认为自己的政治生涯已经到了尽头。因为在大部分人的心中，海南岛距离权力中心太远了。然而就是在这座被人称为"蛮荒"的小岛上，却出现了很多可以称作国之脊梁的人。

官场的刺头，百姓的青天
——海瑞

莫道蛮荒无俊彦，古来此地出贤良。抬棺直谏轻一死，千古刚峰正气扬。

——《海瑞吟》

海瑞是海南琼山（今海口市）人。在海瑞四岁的时候，父亲因病去世，海瑞与母亲相依为命，靠着祖上留下来的几十亩田，勉强维持生活。虽然家庭并不富裕，但是海瑞的母亲对海瑞的要求很严格，希望将他培养成一个于国有利、于民有济的人。

海瑞生活俭朴，他穿粗布麻衣，吃粗粮糙米，从不趋炎附势。当时严嵩的势力很大，依附于严嵩的党羽自然也就被人恭维奉承。所以当严嵩的心腹鄢懋卿巡视两浙、两淮盐政的时候，受到了各级官员的吹捧，鄢懋卿还利用自己的职权收受了不少贿赂。

　　路过淳安县的时候，鄢懋卿发现驿馆中的酒菜十分简陋。当他质问在淳安当知县的海瑞时，海瑞说："此处地小，我们平常吃的都是粗茶淡饭"，还高声对鄢懋卿说，狭小的县衙难以容纳随行的车马，希望他早日离开。鄢懋卿十分气愤，但是他早就听过海瑞的事迹，明白他不会乖乖听话，只能收敛威风离开淳安县。

　　明世宗朱厚熜晚年不理朝政，专心在西苑设坛求福，追寻长生不老之术。在大臣杨最、杨爵因为劝谏获罪后，没人敢劝说朱厚熜。嘉靖四十五年（1566 年），52 岁的海瑞在棺材铺中买好了棺材，并将自己的家人托付给了一个可靠的朋友，随后向朱厚熜呈上《治安疏》，批评他不理朝政，迷信巫术。

　　传说，朱厚熜读了海瑞上书的《治安疏》后，气愤地将《治安疏》扔在地上，对旁边的侍从说："不要让这个人跑掉，赶紧给我把他抓起来。"宦官黄锦在旁边劝道："听说这个人就是个傻子。在上疏之前，知道自己罪该万死，就和妻子诀别，提前遣散了奴仆，并且给自己准备了一副棺材，他是不会逃跑的。"朱厚熜听后默默无言，将《治安疏》捡了起来，一天之内读了很多次，曾说："此人就像比干，但是朕不是商纣王。"

懸高鏡明

虽然朱厚熜并没有杀海瑞，但还是将他关进了大牢。直到明穆宗继位，赦免了很多直谏的臣子。海瑞才被释放出狱，官复原职。重新做官的海瑞，开始为百姓做更多的实事。他兴修水利，重新整修吴淞江、白茆河等经常出现水患的河流，给百姓的生活、生产带去了极大的便利。

万历十五年（1587年），73岁的海瑞病死于南京任上。海瑞去世后，王用汲负责主持海瑞的丧事，他看见海瑞的生活用品是贫寒的文人也不愿用的，不由得大哭起来。万历皇帝下诏为他举行公祭，祭奠哭拜的人百里不绝。海瑞的灵柩被运回老家琼州安葬，也就是我们今天看到的海瑞墓。

国破尚如此，
我何惜此头
——黄魂

海口市龙华区龙泉镇永沃村，就是抗日英雄黄魂烈士出生的地方。永沃村属于原琼山市石桥乡，村民全部姓符。黄魂烈士也不姓黄，原名符权重。

1903 年，黄魂出生在一个家道殷实的家庭，他是家中的老二，上面有一个哥哥，下面还有两个弟弟妹妹。黄魂从小就热心肠，喜欢给受欺负的小伙伴出头。1922 年，黄魂考入琼山中学，在中学里，受到了革命思想的熏陶，成为了学生领袖之一。为了揭露反动军阀的阴谋，他经常组织同学走上街头发传单、贴标语，宣传革命思想。

1926 年，黄魂在琼山中学加入中国共产党，属于琼山中学的第一批共产党员。为了宣传革命思想，黄魂回到家乡成立农会，建立党支部。受他的影响，黄魂的父亲、哥哥和弟弟也相继成为共产党员。

在黄魂担任琼山县抗日民主政府县长的时候，曾经用自己的智慧揭发了一名奸细。起初，那名奸细拒不承认自己的身份。后来黄魂通过耐心和非常巧妙的审讯方式，不仅让那名奸细认罪，还得到了大量间谍组织的消息，从而铲除了一连串的间谍组织。

1944 年，黄魂被任命为琼崖独立总队政治部主任，奉命返回独立总队队部。途经荣乡上荣村附近时，遭遇了日军的"扫荡"马队。在激战中，黄魂左腹中弹，身负重伤，在掩护战友撤退后被俘。

随后，日军闯入上荣村，等黄魂苏醒以后审问他的来历，黄魂称自己是旁边村子过来偷牛的。日军见从黄魂这儿获取不到有用的消息，便将他和村里的两位青年一起残忍地杀害了。牺牲时，黄魂 41 岁。

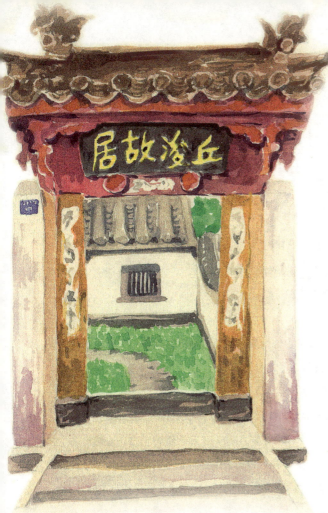

深得皇帝器重的一代阁老——丘濬

丘濬，世称"琼台先生"，卒后谥"文庄"。位于海口府城金花巷的丘濬故居，见证了一位阁老的诞生。

永乐十九年（1421年），丘濬出生于琼山县下田村。丘濬一直被人称作少年天才，母亲教他念书，他看一遍就可以背诵。丘濬很喜欢看书，但是家境贫寒，藏书不多，他曾经走数百里的路去借书，一定要借到书才肯罢休。

成化元年（1465年），两广发生战事，丘濬上书自己的策略。明宪宗看到丘濬的计策之后，将这些计策传给总兵。后来韩雍战胜敌军，也用了部分丘濬的计策。从此，丘濬在朝中具有了一定的威望，并且晋升为从五品的侍讲。

成化十六年（1480年），59岁的丘濬被调任至国子监祭酒。当时，参加科举的士子中十分流行写奇险怪异文风的文章。为了让大家回归正道，他在国子监督促国学生远离这种文体。丘濬在主持乡试的时候，更是十分痛切地抑制这种文风。

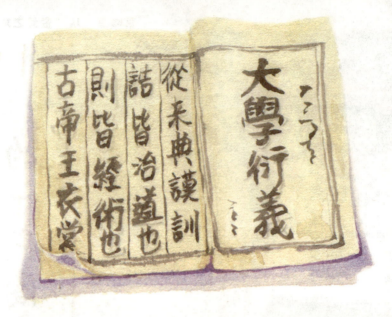

丘濬在完备典籍方面做出了很大的贡献。他博采群书，完善了《大学衍义》。后来，明孝宗认为这本书的内容很不错，命令有关部门将此书刊印发行，并且将丘濬提升为礼部尚书。在任职礼部尚书的时候，丘濬开始修撰《宪宗实录》。弘治四年（1491年），《宪宗实录》修撰完成。同年，丘濬被任命为文渊阁大学士，并且准许入内阁参知要事。这年丘濬71岁。

弘治八年（1495年），丘濬卒于任上，终年76岁。明孝宗下旨辍朝一日，追赠他为"太傅"，谥号"文庄"。明孝宗特意撰写了祭文，并且命行人宋恺将丘濬的灵柩运回家乡。在灵柩抬到海口滨涯村时绳子突然断裂，于是就将灵柩就地安葬，也就是现在位于海口市的丘濬墓。

民间将丘濬和海瑞并称为"海南双璧"，不仅仅因为他们都是难得的贤臣名士，还因为他们是同村老乡。他们都出生于海口市金花村，金花村在古代名为下田村，后因丘濬在《下田村》中"有人问我家居处，朱桔金花满下田"的诗句而改名。现在，来到金花村，还可以参观丘濬和海瑞两位名臣的故居。

看人间，如今遍种自由花
——徐成章

海口的演丰镇昌城中村，几间瓦房的中间就是烈士徐成章的故居。虽然他牺牲的时候年仅 36 岁，但是他的人生经历可谓传奇。他参加过辛亥革命，出任过黄埔军校的教官，还曾经是孙中山元帅府的铁甲车队队长，并且在陵水创建了第一个琼崖苏维埃政权。

1892 年，徐成章出生于昌城中村。在县立高等小学时，因为不满一些教员昏庸的行为，15 岁的徐成章带头剪发，并且掀起学潮。后来，他参加了"励志社"，秘密地进行反清活动，是琼崖早期同盟会会员。

1923 年，徐成章来到广州，在这里加入中国共产党，1924 年，在广州组织琼崖革命同志会，准备向琼崖的人民宣扬革命的理论。同年，还担任了黄埔军校特别官佐，以及建国陆军大元帅府铁甲车队队长等职。

从投身革命的那一天开始，徐成章就做好了牺牲的准备。因为家中只有他一个独子，所以当徐成章的生母去世之后，为了让父亲年老后有人照顾，徐成章劝父亲续弦。他对父亲说："我参加了革命，不知道是否能为您养老送终，所以您得多留一个后代。"于是，徐成章的父亲又娶了一个填房，这位继母生下了比徐成章小32岁的弟弟。

1928年，徐成章率领红军北上，在万宁指挥作战的时候，在我军弹药缺乏的情况下，徐成章身先士卒，插入钢刀，与敌人进行白刃战。在冲锋的过程中，徐成章不幸被流弹击中，后因伤势过重，医治无效，壮烈牺牲。徐成章当年的战友说，徐成章在牺牲的时候，只说了一句话："你们要继续努力，一定要完成革命大业。"

琼崖人民的一面旗帜——冯白驹

冯白驹将军是琼崖革命武装和根据地创建人，无产阶级革命家，出生于海口市云龙镇长泰村，在提到这位将军的时候，村里的老人对我们说："从小就听自己的父母说，冯白驹将军是一位大勇大智大忠的将军，每到危险时刻的时候，他都会挺身而出。"

1932 年，琼崖红军反"围剿"失败，冯白驹带着党政机关的 100 多人，转入母瑞山与敌人继续斗争，保存了琼崖的革命之火。次年，他带领着幸存的 25 人返回革命老区。在群众的支持下，重建了党组织。

星星之火，可以燎原。经过 3 年艰苦的斗争，琼崖基层党组织得到了发展，也重建了红军游击队。在提到这位智勇双全的将军时，周恩来总理曾赞誉他为"琼崖人民的一面旗帜"。

能文能武的一代名将

——梁云龙

明嘉靖戊子年（1528 年），梁云龙出生在一个家境贫寒的农夫家。由于家里贫困，梁云龙十四岁才进入私塾读书，但是入学仅仅几个月之后，梁云龙的父亲因病去世。没过多久，他的母亲也离他而去。父母双亡之后，梁云龙只能辍学回家，帮助哥哥嫂嫂干点农活。

虽然没有上学，梁云龙还是很向往私塾的生活。每次经过学堂，都偷偷地站在墙根边，只为了多听几句先生的讲解。有一天，在此设馆的陈襟江发现了正在偷听的梁云龙。随机考了他几个问题，梁云龙对答如流。陈襟江认为这个孩子天赋很高，以后必成大器，于是亲临梁家，劝说其兄让他重返私塾。梁云龙的哥哥见到先生亲自上门，便同意让自己的弟弟重返学堂。

嘉靖三十七年（1558 年），梁云龙与其他的两位朋友在山中建了一座茅庐，并且闭户苦读。几年后，其他两人陆续中进士，而梁云龙一直都没能在会试中取得一个好成绩。

万历十一年（1583年），梁云龙终于考上了进士，此时的他已经55岁。梁云龙和海瑞私交甚深，听到这个消息，海瑞还专门写信来恭喜他，希望他从此能够平步青云，将自己的才华发挥出来。

万历十八年（1590年），青海鞑靼部火落赤侵犯河州等地，总兵刘承嗣战败。朝廷开廷议，让官员们讨论出一个退敌良策，当时任兵部员外郎的梁云龙也参加了这次廷议。梁云龙提出了退兵良策，并被皇上称赞。当年冬天，河套部侵犯甘肃永昌，当时的总兵使用了梁云龙在廷议上提出的计策，大败叛军。

万历二十年（1592年），日本的丰臣秀吉率兵侵犯朝鲜，朝鲜向明王朝求助，明朝派兵增援，结果兵败于釜山，朝野震惊。明王朝担心日本会侵犯我国边境，不少朝臣建议增兵驻守边防。梁云龙听后建议道："让边境的将士固守即可，可以省数十万白银。"皇上采纳了梁云龙的建议，并将其晋升为承宣布政使司右参政。

万历三十二年（1604年），宗室子弟与巡抚赵可怀发生了冲突，聚众冲入巡抚院，赵可怀被殴打致死。当时万历帝让梁云龙来处理此事，他不惧宗室的压力，不久后，就将闹事的宗室子弟全部抓捕。在断案的时候，有人建议皇上用死刑，梁云龙不同意这个观点，他认为不能滥杀无辜，应该分别处置。此事之后，梁云龙的声望大增。

万历三十四年（1606年），梁云龙卒于任上，享年78岁。皇上得到梁云龙逝世的噩耗后，悲痛异常，下旨追封梁云龙为兵部左侍郎，并且派人将其灵柩运回家乡海南琼山安葬。

抗战中的福将和伏将
——黄大猷

黄大猷，1904 年出生于海口市三门坡镇桃村。他家境贫寒，从来没有上过学。但是少年早熟，很小就学会犁田，减轻父亲的负担。

未满 20 岁的黄大猷曾经参加过民军，跟着民军转战南北。后来民军解散，21 岁的黄大猷回到家乡，发动群众成立了农民自卫军，保卫农民的利益。1927 年，黄大猷加入中国共产党，开始为他心中的理想奋斗。

黄大猷的战友在提到这位烈士的时候，说他有两个大名鼎鼎的称号：福将和伏将。1930 年，黄大猷成为琼崖工农红军独立师第一团第一营的营长。次年，他带领第一营的红军包围了琼东县，并且火烧炮楼，成功地拔掉了十几座反动民团的据点，取得了可喜的成绩。而后在两次重要的战役中，又给国民党反动军队以重大的打击，让国民党不得不撤退，使东线苏区连成一片，革命的形势越来越好。因此，黄大猷被战友们亲切地称为"福将"。

那么，为什么他被称为"伏将"？顾名思义，黄大猷善打伏击战。黄大猷的战友回忆，在抗战期间，他经常采用伏击的战术，屡战屡胜，战果辉煌。

1939 年，他挑选了十多名优秀的战士，趁着夜色潜入罗牛桥阵地，准备伏击敌军。可是，等了一个晚上还不见敌人的身影。战士们埋伏在阵地中，又累又饿。有的战士说敌人会不会改变了路线，有的战士说我们又不是日本的参谋长，又怎么知道日军什么时候来，可能等两三天也没有收获。但是黄大猷坚信自己的判断是正确的，安抚战士道："耐心等待，工夫不会白费。"

果然，接近中午的时候，汽车的声音远远地传了过来。没过多久，日军的汽车就驶入了埋伏圈。黄大猷下令所有人一起开火，只用了几分钟就打败日军，歼敌 20 多人，缴获子弹几百发。这一战，坚定了琼崖人们抗战的信心，也打破了"日军不可战胜"的神话。1942 年 1 月，黄大猷在大水战斗中牺牲。

第五章

海口特产：大自然的美与纯

　　来海口，除了游览美丽的滨海风光，我们还可以做什么？当然是吃各种特色水果，欣赏海南风情的特产啦！

　　要知道，海南岛栽培和野生的果树有 400 多种，世界上其他的果区很少有这个数量。这里每个季节都有当季的水果，而且还能发现很多在其他地区不常见的水果。要提醒大家的是，来海南要做好心理准备，因为这里的很多水果都会刷新你对水果的认知。

荔中极品，中华第一荔
——永兴荔枝

罗浮山下四时春，卢橘黄梅次第新。日啖荔枝三百颗，不辞长作岭南人。

——苏轼

我国是世界上栽培荔枝最早的国家，在文献记载中，荔枝最初名为"离支"，后来在司马相如的《上林赋》中被写作"荔枝"。李时珍在《本草纲目》中这样解释荔枝名字的来源："按白居易云：若离本枝，一日色变，三日味变。则离支之名，又或取此义也。"

荔枝甘甜可口，一直都很受中国人的喜欢。早在西汉初年，南越王就曾经将荔枝进贡给汉高祖刘邦。汉武帝在元鼎六年（公元前111年）破南越后，从岭南引入几百株荔枝到长安上林苑中种植，并且特意建造了"扶荔宫"。只不过因"水土不服"，引种失败。

荔枝好吃，但是俗话说："一把荔枝三把火。"荔枝的火气大，吃多了会引起口腔溃疡。我国著名的荔枝爱好者——杨贵妃，也面临这个问题。据古籍记载，杨贵妃素有内热，后来太医们对杨贵妃提供了两个解热润肺的秘方：一是含玉鱼；二是吸花露。当然，这两种方法不仅仅可以解决吃荔枝上火的问题，还可以美颜养生，可谓一举两得。

荔枝不容易保存，荔枝摘下来以后，只能保存4到5天，过了这个期限，就会丧失荔枝原有的美味。因为荔枝的这个特性，才有了杜牧诗中的"一骑红尘妃子笑，无人知是荔枝来"。

虽然现在没有足够的史料可以考证当时杨贵妃吃的荔枝出自于哪个地区，但是可以肯定的是，她吃的荔枝不可能来自海南。因为从海南发出的加急公文，需要10天以上才能到达长安。所以受地域所限，杨贵妃无法品尝到永兴荔枝。但是如今的人们，却可以一边品尝甜美多汁的永兴荔枝，一边品味有关荔枝的逸事。

生活在童话世界中的猴面包树

　　喜欢读《小王子》的朋友，一定不会对一种植物陌生：猴面包树。在著名作家安东尼·德·圣·埃克苏佩里的笔下，这种树能长成一座宏大的城堡。在城堡里，可以蓄养数不尽的猿猴和大象。我们常说，故事源自于生活。在现实中，猴面包树是真实存在的。虽然不像童话中描述的那样，可以变成一座应有尽有的城堡，但是也是植物界中难得一见的"神奇树"。

　　猴面包树如同一个守护神，护佑着周边的动植物。在沙漠中探险的人，如果感到口渴，不需要动用珍贵的"贮备"，只需要在猴面包树上挖一个洞，就可以看到清泉从树洞中流出，从而畅饮一番。因此有人说，在沙漠中，猴面包树等同于生命和希望。它还是猴子和狒狒的食物来源，在沙漠中，经常可以看到这些可爱的动物去树上觅食。又因它的果实像大面包，所以被称为猴面包树。

　　在非洲，猴面包树的枝头经常是光秃秃的，但是因为海南的雨水充沛，猴面包树不需要特意囤水，所以它的树叶更为茂盛，树干也不如非洲的猴面包树那样粗壮。

　　如果你想去参观最原始的猴面包树，在海口公园里就有一棵20世纪60年代引进种植的，这棵猴面包树高20米，树干周长约50米，需要20多人合抱。50多年来，这棵树每年都开花结果，从未间断过。据说，这棵猴面包树结的果实可以放在火上烤，吃起来就像面包一样，酸中带甜，十分可口。

不能轻易错过
的琼中小黄牛

不知道有多少人去海南是抱着一定要吃琼中小黄牛的决心，一盘美味的琼中小黄牛加上香醇的山兰酒，已经成为游客重游海南的理由。

琼中小黄牛是海南名菜之一，名气传遍东南亚。海南当地人将小黄牛称为鹿肉，海南中部的山区有十分茂密的原始森林，那里空气湿润，牧草茂盛。当地的牧民将小黄牛放养在荒坡上，任其自由生长。由于没有被圈养过，小黄牛的肉质非常紧实，吃起来柔软脆爽。据说国家举重队在海南集训的时候，每天都要吃琼中小黄牛，吃了以后训练的时候就会有更多的力气。

小黄牛的传统吃法是烧烤，将牛肉架在木炭上，吃的时候别有一番风味。有的人偏爱干煸的黄牛肉，干煸的时候不需要太多的调料和加工，只需要加入海南的山柚油，再撒上芝麻和香菜，就可以得到原汁原味的琼中小黄牛。

享受赤手空拳剥菠萝蜜的乐趣

来到海南，你会发现大街小巷都是菠萝蜜的领地。有待在盐水中的，有被串成串的，有被装在小碗中的，无论是什么形式的菠萝蜜，都好似在向你招手，告诉你："来尝一尝吧，我很好吃的。"

要品尝菠萝蜜之前，我们首先要分清楚菠萝蜜的种类。菠萝蜜可以分为干苞菠萝蜜和湿苞菠萝蜜两种，这两种菠萝蜜的差别不小。干苞菠萝蜜是现在市场上比较常见的菠萝蜜，也是最受欢迎的菠萝蜜。在市场里，外面皮质偏硬、里面肉质颜色金黄的菠萝蜜就是干苞菠萝蜜。干苞菠萝蜜果汁少、肉瓤肥厚、甜滑甘美、香气很足，深受海南人的喜爱。

湿苞菠萝蜜的皮质比较软，是可以直接用手扒开来吃的菠萝蜜。湿苞菠萝蜜多汁、味甜，吃起来的口感比较像蛇果。现在海南的市场上，已很少能见到湿苞菠萝蜜的身影。如果想要品尝这种菠萝蜜，只能去海南本地人的家里，或者直接去农村的地里买。

　　第一次吃菠萝蜜的人，通常会看着巨大的果实不知道如何下手。有的人会去买直接剥好的菠萝蜜，但是这样就失去了赤手空拳剥的乐趣了。其实，吃菠萝蜜十分简单。只需要用刀将菠萝蜜从中间切开，将类似海绵的白色部分切掉，用保鲜袋沾掉上面的黏液。就可以将黄色的果肉里面的果仁剥出来，吃里面金黄色的果肉了。

　　在海南，人们不会坐在餐桌上优雅地拿着勺子，一点一点地从菠萝蜜中挖果肉，也不喜欢直接去买超市里剥好的菠萝蜜。更喜欢全家人围坐在一起，在旁边摆上一碗盐水，将一个个甜美的果实揪下来，去衣脱核后在盐水中浸泡3秒，然后迅速地放在嘴中，享受果实的甘甜美味。

曾经俘虏过英国女王心的山竹

山竹，又被称为山竹子，因其枝叶类似于南方的竹子而得名。山竹果肉雪白嫩软，味清甜甘香，带微酸，性凉，润滑可口，是最受中国人民欢迎的水果之一。

山竹不仅仅受中国人的喜爱，它也曾成功俘获过英国女王的心。传说，维多利亚女王曾经在亚洲吃到过山竹，回到白金汉宫以后，依旧对山竹的滋味念念不忘。曾多次让人从亚洲运来山竹，但是山竹无法经受漫长的旅程，早已变了质。

后来，她干脆下了一道悬赏令，向英国的民众宣告谁能给她带来新鲜的山竹，谁就可以获得 100 英镑的奖赏。悬赏令发出后，迟迟都没有人来应赏。后来价码越加越高，最后竟然以爵位作为奖赏，可是一直都没有人为她呈上新鲜的山竹。正因为维多利亚女王的这桩逸事，英国人又将山竹称为"果中女王"。

现在市面上销售的山竹，大多来自印度和东南亚地区的越南等国家。其实，海南的五指山等地也有山竹种植。20世纪60年代，海南就开始引进山竹。1960年，海南省保亭热带作物研究所引进了马来西亚的山竹种子，1968年开始开花结果，是海南最早的山竹树之一。

现在在保亭热带作物研究所热带植物园内，还可以看到这棵山竹母树。作为海南山竹的"祖先"，它现在已经不结果了，只是十几米的树高，茂盛的枝叶，还是能看出一种前辈范。

在市场里买一袋山竹，坐在海边的长椅上，一边欣赏海景，一边吃山竹果，消除了一整天的疲劳。但是需要注意的是，山竹是寒性水果，体质虚寒的人不能多吃。也不能将山竹和西瓜、豆浆、啤酒这些寒凉食物放在一起。除了搭配榴莲，海南人还喜欢用红糖煮姜茶来消解山竹的寒性。酸和甜搭配在一起，别有一番滋味。

细细品味番石榴的甘甜青涩

提到番石榴，很多人都会想到石榴。

虽然这两种水果的名字相似，但是却是完全不同的水果。不同于石榴红色的表皮，番石榴的外皮一般是青色的。就外表来说，番石榴更像是香梨。

人们在为石榴命名的时候考虑到了它的大小，果大如瘤，因而被称为石榴。番石榴虽然也有一个"瘤"字，但是相比石榴却名不副实，它比石榴要小很多。

番石榴和石榴的果实也不一样。石榴的果实是水晶一样的小籽，吃的时候要将外皮扒开。吃番石榴完全不需要这么麻烦，它的外皮是可以吃的，所以我们只需要把它洗干净，像吃苹果一样咬着吃就可以了。

番石榴还是海南人心中的解暑圣品。在午睡前，将切好的番石榴放进冰箱里，睡醒后吃一口冰好的番石榴，暑气带来的困倦也消失了。

走在海南的街道上，我们会看到很多卖椰汁的店铺。的确，椰汁已然成为了海南的特色。其实，除了品尝特色椰汁，我们还可以尝试具有别样风情的番石榴汁。如果你对榨汁店的老板说："老板，来一杯番石榴汁。"老板一定会夸你好品位，并且告诉你经常饮用番石榴汁可以滋养皮肤，让肌肤恢复光泽。

很多人来海南旅游，喜欢住在民宿中，体验地道的海南生活。这个时候，我们就可以自己榨番石榴汁。番石榴的味道酸中带甜，如果你比较偏好甜一点的口味，可以在榨好的番石榴汁中加入冰糖或者蜂蜜。当然，你也可以根据自己的口味，加入牛奶之类的调味品。

流连忘返还是望而却步
——榴莲

榴莲有一个大名鼎鼎的称号：水果之王。但是一提到榴莲，很多人对它的评价却两极分化。对喜欢吃榴莲的人来说，榴莲就是隐藏在异常香味后的珍宝，越吃越香，甚至能上瘾。但是对没有吃过或者不喜欢吃榴莲的人来说，榴莲的气味就像猫屎臭，它的气味就能让人退避三舍。

关于榴莲一词的来历，还有两个美丽的故事。传说明朝的永乐年间，三保太监郑和奉命率领船队下南洋。但是由于出海的时间太长，很多船员都产生了思乡之情。每天都遥望落日，期盼返程的日子。

有一天，船队停靠在一个南洋小岛上。郑和突然在岛上发现一堆奇异的果子，于是他将这堆果子切开，和船员们一起分享里面的果肉。没想到大家都认为这个果子特别好吃，越吃越入迷，思乡的念头也被淡化了。有人问郑和这个果子的名字，郑和便随口答道："流连。"后来人们便将这个果子称为榴莲。

另一个故事是一个爱情故事。传说一群男女乘着船想去南洋，但是在中途遇上了大风浪。船被掀翻，船上的人都落入了海中。最后，只有一对男女获救，并漂泊到了一个小岛上。

岛上的居民救了他们，采来一种水果给他们吃。他们吃后立刻恢复了体力，并且对岛上的居民说自己不愿意回家，想在这里长久地居住下来。后来，这对男女相爱了，在这座小岛上结成了夫妻，生儿育女，再也没有离开过这个岛。所以人们给这种水果取名为"榴莲"，意思是吃了之后可以让人流连忘返。

不管榴莲是因为哪种传说而得名，都离不开让人流连忘返的寓意。所以，即使有很多人对榴莲的气味望而却步，榴莲还是成功地收获了很多死心塌地的支持者。

在海南，遇到榴莲的概率要远远大于内陆。不仅仅是榴莲的果肉，在甜品店和面包店，也有很多榴莲制成的蛋糕和面包。

象征着长寿、平安、健康的芭蕉

有人说："看见芭蕉叶，就知道到了海南了。"的确，芭蕉是一种十分具有热带风情的植物，也是海南的特色植物之一。

关于芭蕉，海南民间有一个有趣的传说。相传古代有一位冯先生，夏日傍晚在自家书斋看书，突然发现一位美丽的绿衣女子从窗前经过。冯先生询问这位女子的身份，女子不说自己从何而来，只称自己为"蕉氏"。后来，每天傍晚这位女子都要来书斋前同冯先生聊天。

有一天，女子向冯先生辞行。冯先生拉住女子的衣袖，询问她要去何处。女子不予回答，推开冯先生匆匆离去。匆忙之间，冯先生只扯下了女子的一片衣角，并将其放入枕下。次日醒来一看，衣角竟然变成了芭蕉叶。原来，这女子是书斋前的芭蕉。日日看着冯先生读书，对他产生了情意。于是化身为一位女子，只为了更靠近自己的心上人。

虽然这个故事是人为杜撰的，但是由此可见芭蕉一直都是文人创作的灵感。芭蕉树是草本植物，高大挺拔，叶片也极大，有的可以长达 3 米，宽 60 厘米。在古代文人的笔下，芭蕉叶常常被用来比喻自己的愁思。南宋灭亡之后，词人蒋捷流落到太湖之滨，看到花落花开，大自然不管时事的变迁，依然回黄转绿，不由得想到了自己已经破败的家国，写下了"流光容易把人抛，红了樱桃，绿了芭蕉"。

流光容易把人抛，红了樱桃，绿了芭蕉。

　　的确，在古代诗词中，芭蕉更多的时候是和忧愁、凄苦的心境联系在一起的。实际上，芭蕉拥有着更加深远的含义。《涅槃经》中有这样一句话："譬如芭蕉，生实则枯，一切众生身亦如是。"以芭蕉喻人，将像人一样不够坚实的芭蕉放在雪中，预示着人的身体可以生长在雪中，直到达到长生不坏的境界。所以在海南，芭蕉又象征着长寿、平安和健康。

　　海南人喜欢种植芭蕉，更多的原因是喜欢观赏成片的芭蕉叶，给人"绿天如幕"的感觉。《红楼梦》中的怡红院就栽有芭蕉，"院中点衬几块怪石，一边种几棵芭蕉，那一边是一树西府海棠，其势若伞，丝垂金缕。"

　　海南处处都有芭蕉，人们很喜欢坐在芭蕉叶前看书、休息，硕大的芭蕉叶遮挡了烈日，看着芭蕉映在墙上参差错落的影子，仿佛世上的喧嚣都被隔绝开来。当然，在雨中欣赏芭蕉也别有一番情趣，雨滴在不同大小的芭蕉叶上，会发出不同的声音，好像在演奏优美动听的乐章。

一起切出漂亮的五角星
——杨桃

来海南，怎么能不吃杨桃呢？杨桃是海南的特产，又因其横截面如五角星，所以被人称为"星梨"。杨桃的果肉很厚，同时汁也多，吃起来味美香甜。与榴莲不同，杨桃的外表就让人心生向往。杨桃自带一股清香，而且形状奇特，很容易就会让人产生尝一尝的想法。

海南的农村里大多种有大大小小的杨桃树，调皮的孩子会直接爬上杨桃树，将自己觉得最好看的杨桃摘下来。遇到难攀爬的杨桃树，就直接用石头或者棍子将杨桃打下来，再从这些杨桃中挑选大而成熟的果实。将挑选出来的杨桃和自己的小伙伴分着吃，通常好吃的杨桃上都会有好几个小孩的牙印。剩下没有完全成熟的果实，或者只吃了一半的杨桃，都变成了小狗的食物。

　　现在海南人又开发出了新的吃法。将杨桃洗干净，擦干水，然后把杨桃放在醋里泡着，一个星期之后，就可以吃到酸酸的杨桃。喜欢吃辣的人，还可以做出辣味的杨桃。将杨桃切碎之后用辣椒粉撒在上面，三个小时之后，杨桃会吸收辣椒的味道，我们就可以开始品味辣味的杨桃了。当然，对于大多数海南人来说，撒上细盐或者糖，才是最怀念的杨桃味道。

　　杨桃常会出现在没有胃口的小孩面前。只要吃几口杨桃，闹着不吃饭的小孩突然告诉自己的父母想吃饭了。

　　虽然杨桃有很多妙用，但是杨桃并不是百无禁忌。杨桃性寒，不能多吃，更不能将其冰冻或者加冰饮食，因为会导致脾胃湿寒，进而影响消化。而且杨桃中有一种神经毒素，一般食用以后可以代谢出来，但是有肾病的人无法将这个毒素排出体外。所以肾脏有问题的人，最好少吃或者不吃杨桃。

传说中等同于仙桃的蛋黄果

蛋黄果，因其果肉酷似煮熟的蛋黄而得名。蛋黄果中富含丰富的淀粉，果肉的质地软绵，口感介于红薯和榴莲之间。虽然蛋黄果与熟鸡蛋的颜色、质地一般无二，但是很多品尝过蛋黄果的游客表示，蛋黄果比鸡蛋更美味。因为熟鸡蛋有香气但是没有特别的味道，而蛋黄果味甜有香气。

有些人听过蛋黄果的美名，到海南的时候特意买了尝一尝，但是却发现没有品尝到想象中的美味，反而发现果实又酸又涩。这大概是因为第一次挑选蛋黄果没有经验，吃到了没有成熟的蛋黄果。

在挑选蛋黄果的时候要注意，果皮的颜色呈黄色的时候才能吃，绿色的果子还没有成熟。蛋黄果与猕猴桃一样，买回来之后要在常温下放置一个星期。一个星期之后，用手轻轻地捏果子，如果感到果子变软了，就可以将其掰开吃里面的肉。

蛋黄果

104

在海南的市场上，很多小贩在蛋黄果的摊位上，立了一个大大的宣传牌，上面写着：来海南吃仙桃。虽然蛋黄果不属于桃类，但是在海南人心中，它拥有着仙桃的功效。据说，蛋黄果可以美容，经常吃蛋黄果的人，皮肤也会日渐白皙光滑。当然，传说中它最神奇的功效莫过于可以延年益寿。因此，这是很多人去看望老人时的首选水果。

但是需要注意的是，蛋黄果只是果肉比较像煮熟的鸡蛋，但是外表并不像鸡蛋。在购买蛋黄果时，很多人容易将其和另一种外表酷似鸡蛋的果子——鸡蛋果弄混。特别是在我们搜索鸡蛋果时，出现的大多是蛋黄果的图片。其实这是两种完全不一样的水果。

鸡蛋果又称为百香果或西番莲，虽然形似鸡蛋，但是口感与蛋黄果相差甚远。在我们购买蛋黄果的时候，一定要注意不能口误，将其错唤为"鸡蛋果"。

百香果

迷惑亚当和
夏娃的禁果
——百香果

来到海南，一定要尝一尝传说中最香的水果——百香果。很多人在第一次购买百香果的时候，发现它的气味虽然香甜扑鼻，但是却无法准确地描述出这种香气。大概是集合了大自然的钟灵毓秀，我们可以在百香果上闻到各种各样水果的香气，比如说菠萝、香蕉、草莓、石榴等。

或许是因为其气味的多样性，百香果的颜色也千变万化，有黄色、紫色，还有紫黄杂交变色的。百香果的外形很像鸡蛋，而它的果汁也像鸡蛋一样橙黄诱人，所以它有一个十分可爱的别称——鸡蛋果。

百香果一直都是传说中的宠儿。百香果原产于南美，在美洲印第安人的传说中，百香果是主宰白天的上神的女儿，她继承了父亲的阳光，总是洋溢着灿烂的笑容。她是森林和草原中最美丽的花朵，她到哪里，哪里就洋溢着幸福。

当然，百香果不仅仅俘获了传说中的神，也俘获了海南人的心。虽然百香果原产于美洲，但是人们发现，只要多费些心力也可以将其栽种于温室中。于是，为了食用这种美味的水果，海南开始栽植百香果。

对自己喜欢的水果，海南人总是能发明出各种各样的吃法。当然，最简单的吃法就是用刀切开果子，刮下里面的肉和籽，放入白糖或者蜂蜜拌匀之后吃。你可以慢慢地品尝它甜脆的籽，也可以一口吞下果肉。

除了直接吃，海南人还很喜欢将百香果制成各种各样的饮品。如果去海南的奶茶店，你会发现这里有很多和百香果有关的果汁，比如说老盐百香果、绿茶百香果、红茶百香果等。酸甜的芳香不会产生甜腻的感觉，一口喝下之后可以提神醒脑。百香果还能抑制人体对脂肪的吸收，饭后喝一杯老盐百香果最适合不过。

在海南，喝一杯酸甜的柠檬汁

很多人不喜欢吃柠檬，但是却很喜欢喝柠檬制成的饮品。如果你是柠檬汁的爱好者，你会发现，在海南可以找到很多自己的同类爱好者。基本上海南所有的饮料店都有和柠檬有关的饮品，比如说柠檬茶、柠檬可乐、柠檬调料汁、柠檬百香果等，这类柠檬制成的纯天然饮品一直都是海南人心中的至爱。

青柠檬和黄柠檬是同族姐妹。黄柠檬多用于西餐，比如说很多餐厅会用黄柠檬为海鲜去腥提鲜。青柠檬主要用来榨汁，特别是海南的青柠檬是柠檬中的珍品，皮薄汁多，榨出来的柠檬汁自带一股清香的气味。

虽然青柠檬和黄柠檬原产地都是东南亚，但是据说现在的东南亚已是青柠檬的天下。因为青柠檬口味更为尖锐浓烈，而香味较清淡，可以调出东南亚人喜欢的酸辣口味。

不仅医人，更能医心的橄榄

橄榄，在北方称之为"青果"，因不论成熟与否都有青色的外表而得名。刚嚼橄榄的时候，会有酸甜苦涩的感觉，但是越嚼越甜，最后苦涩的感觉会转变成清甜，让人回味无穷。为了避免品尝最初的苦涩，人们将其用蜂蜜浸渍，让其成为茶余饭后的食用佳品。

很多水果都能用来治病，橄榄也是其中之一。《本草纲目》中曾经这样评价橄榄的功效："生津液、止烦渴，治咽喉疼，咀嚼咽汁，能解一切鱼蟹毒。"所以，在冬春季节，如果能每天嚼2到3枚新鲜的橄榄，就可以有效防止呼吸道感染。

关于橄榄的药用价值，海南民间还有一个有趣的传说。在这个传说中，橄榄不仅仅可以医人，还可以医心。相传，古代有一位十分有名的中医，无论多难治愈的疾病，只要到他那里，就可以药到病除。有一天，医馆迎来了一位奇怪的病人。老中医为他诊脉之后，发现他身体十分健壮，并无疾病。于是问他："你比一般的成年人还要健康，为何要来我这儿？"

　　这位病人说："我久闻先生大名，不知先生是否如传说中一样神奇。我有肥胖、懒惰、贫穷三种疾病，希望先生能够妙手医治。"老中医沉吟片刻，对他说："我这里有一个药方，如果你想根除这三种疾病，就按照我说的做。从明天开始，你每天早晨去茶馆喝橄榄茶，留下橄榄核，将其种植于房前。每天都要细心呵护，为它浇水施肥，待橄榄树成林之后，你再来找我。"

　　这位病人听后回家，便按照老中医说的种植橄榄树。几年过去了，橄榄树由小苗变成了大树，由树成林。因为细心护林，这位病人渐渐地改变了自己懒惰的毛病。终日忙碌于橄榄林中，他也由肥胖变得精瘦。按照约定，他又来到了医馆，他对老中医说："先生的医术实在高明，我已没有了肥胖、懒惰之症了。但是我仍然很穷，希望先生能告诉我治病的药方。"老中医笑道："你且回去，从明天开始，你就可以摆脱贫穷。"

　　到了第二天，果然有很多人来他这儿买橄榄。原来，中医经常需要橄榄作为药引，但是这一带没有出产，老中医便想出这个方法，既可以帮助病人摆脱贫穷，又可以更好地为百姓治病。

玄兴隆和福山寻找咖啡的香气

喜欢喝咖啡的人，应该听过海南咖啡的大名。海南的咖啡品质上乘，而且由于特殊的地理环境和气候，海南的咖啡还带有一丝特有的热带风情。一点点果味加上甜而不烈的香气，挑逗着人们的味蕾。海南的咖啡馆就像北京的茶馆一样多，这是因为在海南，咖啡拥有深厚的文化底蕴。

说到海南咖啡的发展史，就不得不提到两个地方：万宁市的兴隆县和澄迈县的福山镇。也许对很多人来说，对咖啡的认识源自于兴隆咖啡。兴隆咖啡是最早的海南本土咖啡，20世纪，东南亚的华侨们不仅仅将咖啡的制作、冲泡手艺带回了兴隆，还在兴隆成功地引种了咖啡。20世纪60年代，去兴隆农场视察的周恩来在喝过兴隆咖啡之后，曾这样称赞兴隆咖啡："兴隆咖啡是世界一流的，我喝过许多外国咖啡，还是我们自己种的咖啡好喝。"

现在，很多人去兴隆游玩，就是为了品尝地道的兴隆咖啡。在兴隆镇上，到处都可以看到咖啡馆，其中位于兴生路上的"瓦西里"咖啡馆最受当地人的喜爱。因为这里不仅仅有美味的咖啡，还有各种特色的东南亚风味小吃，就连外地的游客也会慕名而来。

如果说兴隆咖啡将咖啡带进了海南人们的生活中，福山咖啡则让海南咖啡蜚声国际。我们都知道，牙买加的蓝山咖啡是咖啡中的明星。其实福山镇的地理、气候环境与蓝山相似。它们都拥有火山质土壤，并且阳光充足、雨量丰富，如此绝佳的自然环境造就了美味的福山咖啡。

福山镇也是海南种植咖啡比较早的地区之一，20世纪30年代，印尼的归国华侨陈显彰先生将咖啡引种至福山，并且成立福民农场。后来，福山咖啡远销东南亚地区。20世纪50年代，朱德、刘伯承曾视察福山咖啡园，并对福山咖啡赞不绝口。此后，福山咖啡不仅仅是东南亚人们心中的至爱，也开始在国内闻名。

近年来，福山政府高度重视咖啡产业的发展，进一步提升了福山咖啡的口感和质量，还加强了福山咖啡文化的宣传推广，福山咖啡逐渐为国际所知。为了让大家更加了解福山咖啡，在福山咖啡风情小镇上，会定期举办福山杯国际咖啡师冠军赛，如今已经成为中国咖啡界的高端赛事。

每年的福山杯国际咖啡师冠军赛，都会吸引很多游客前来围观。看见来自各个国家的世界级咖啡师对决，就算不了解咖啡中蕴含的文化，也会觉得赛事过后喝一杯香醇浓郁的福山咖啡，再惬意不过。

福山离海口只有 15 千米，从海口出发，开车的话，不到半个小时就可以到达福山镇。因此每到节假日，有很多海口人会自驾去福山喝杯咖啡。当然，乘坐动车也是一个不错的选择，20 分钟内可以抵达福山。

生长在红土地上的云龙淮山

或许我们曾经在市场上看到过云龙淮山这个品种，菜贩会告诉你："这是最好的淮山，从海南运过来的。"当来到海口的时候，你就会发现云龙淮山这个名字，其实是源自它的产地：海口云龙镇。

数万年前的火山喷发，孕育出了一片神奇的红土地，而云龙镇便坐落在这片红土地上。这片红土地中蕴含着许多的微量元素，在这里生长的淮山，也富含了硒和锗等珍贵的微量元素。

云龙镇的人从小就吃软糯的淮山，在吃淮山的时候，父母还会告诉他们有关于淮山的一个传说。远古的时候，天界有一种仙物，它吸收了天地的善气，人吃后可以腾云驾雾，被称为善根。一天，云龙镇暴发了一种怪病，得这个病的人会浑身无力、日渐体虚。

守护善根的两位神仙夫妻——陶公和三十六娘主动请求下凡，他们将善根做成饭菜，让生病的百姓日日服用。没过多久，得病的百姓渐渐恢复了健康。

　　虽然疾病被遏制了，这两位神仙可以重返天庭，但是他们放不下云龙镇的百姓，便自请下凡守护云龙镇。玉帝被深深地感动，于是将陶公化作一座山，将三十六娘化作一湾溪水，永远守护云龙镇。而他们从天上带来的善根种子也被撒在山上，漫山遍野都是善根。云龙镇的百姓采食善根，由此再也没有疾病，人丁也日渐兴旺。

　　后来，云龙镇的人为了纪念这两位神仙，就将山改名为陶公山，溪水改名为三十六曲溪，善根便唤为"怀善"，提醒后人记住这两位神仙的恩德，由此心怀善念，一心向善。后来，"怀善"又被人称为"淮山"。

　　因此，云龙镇的百姓对淮山有一种与生俱来的喜爱。这里还会举行淮山文化节，每次文化节的时候，云龙镇都会挤满来采购淮山的商人和闻名而来的游客。当然，对游客而言，最期待的莫过于亲口尝一尝淮山的口感。虽然不能当做伴手礼带回家去，但是可以坐在镇上的小道上，一边品尝软糯香甜的云龙淮山，一边观赏"淮山比武"，猜测哪一家的淮山可以在这次文化节中夺魁，也是难得的体验。

在海南寻找到合心意的珍珠

海南岛是世界上珍珠贝资源最为丰富的区域之一，古代就有"东珠不如西珠，西珠不如南珠"的说法，这里的南珠指的就是中国南海一带产出的珍珠。我国古代将南海的珍珠称之为"走盘珠"，也就是说放在玉盘之中，只要稍微动一动，就可以滚动自如，并且绽放出美丽的光彩。

在海南，到处都可以看到珍珠。商场的专柜中、超市里、地摊上，甚至海边都有人拿着珍珠售卖。但是如果你想买到真的珍珠，建议还是去正规的商店购买。因为对大多数人来说，分辨珍珠真假并不是一件容易的事。当然如果你是专业人士，可以随意选择购买珍珠的地点。

世界上没有两块相同的黎锦

黎锦在春秋时期就负有盛名，史书上将其称之为"吉贝布"。据研究，当时海南的黎族纺织手艺领先于中原 1000 多年，海南岛的黎锦也被人看作中国棉纺织业的发祥地。

虽然黎族的纺织手艺如此领先，但是却没有人将其先进的技术引入内陆。直到 700 多年前，遭受公婆、丈夫非人虐待的黄道婆，乘船来到了现在的海南崖县。

当时的黄道婆不到二十岁，之前从未出过远门，她在海南岛举目无亲，无依无靠。黎族的同胞们十分同情黄道婆的经历，不仅收留了她，还将自己的纺织技术毫无保留地传授给她。

黄道婆既聪明又勤奋，认真地向黎族的姐妹学习纺织技术，逐渐成为一个出色的纺织能手。黄道婆在黎族生活了近四十年，和黎族的姐妹结下了深厚的友谊。

黄道婆一直怀念自己的家乡，1295 年，50 多岁的黄道婆重返故乡江苏松江。虽然她只在故乡生活了几年就因病去世，但是由于她的缘故，中原的棉纺织业开始迅速地发展。

700 多年后，黎锦依然是海南人文风景中的亮点。现在，还有不少的黎族女子拥有着精湛的织锦手艺。织出美丽的黎锦并不是一件容易的事情，要将黎锦做到"能用"并不难，但是如果要将做出来的黎锦达到"能看"的地步，至少需要十几年的积累。

在海南黎族，织锦手艺精湛的女孩，也会更多地获得小伙子的青睐。也许别人还没有与这位姑娘相处过，但是单看她织造的精美黎锦，就可以知道她是一个细心又认真的姑娘。

的确，织造黎锦，只有热情是远远不够的。一块中等难度的黎锦，如果每天都织，也需要数月才能完成。而黎族的妇女们除了织造黎锦，平时还要做大量的家务和农活，耗费的时间要比我们想象的长很多。

虽然织造黎锦要花费大量的时间和精力，但是黎族女子还是热爱完成这样一件艺术品。在市面上流传这样一句话：这个世界上找不到完全一样的黎锦。

这是因为黎锦都是手工织造的，在以前没有化工染剂，只能用植物和矿物给黎锦染色，颜色肯定无法做到完全一致。而且每个人对织锦都有自己的见解，不同性格的人，织造的黎锦也不一样。即使是相同的人，不同的年纪，也会呈现出不同的风格。

黎族女子手中会诞生出很多块黎锦，但是每个人都拥有一块具有特殊意义的黎锦。对大多数黎族女孩来说，出嫁时穿的黎锦衣服格外的珍贵。

这条美丽的黎锦裙子，或许是自己做的，或许是父母做的，但是都被赋予了祝福，在漫长的岁月中，被添上幸福的气息。所以，也许黎族女子每天都要和黎锦打交道，但是对这块黎锦会倍加珍惜。过五十年或者更久的时间，还能看到刚刚织造完的光彩。

具有海南风情的工艺品——椰雕

很多人不熟悉椰雕，但是去过海南旅游的人可能不会对它陌生。在海南的沙滩上，我们经常可以看到用椰子雕刻好的纪念品，这就是椰雕。

最初利用椰壳的，是海南岛最早的先民黎族人。虽然黎族人很早就学会了制作陶器，但是相较于复杂的制陶技术，在椰树下选择一个合适的椰壳，并将其做成生活用品，可能更加的简单。因此，椰雕在海南逐渐发展起来。

随着时间的流逝，历代的椰雕艺人让椰雕技艺日臻完美。到了明清时期，椰雕常常被当地的官吏选为上贡的珍品，所以椰雕又被人称为"天南贡品"。现在，到海南游玩的旅客也经常将这种具有地方色彩和民族风格的工艺品作为送礼的首选。

第六章

品味海南美食，感受热带风情

去海南吃什么？当然吃海鲜啦，这是不必说的。但是对盛产海鲜的海南岛来说，怎么吃、去哪里吃、什么时候吃都是有讲究的。要是你没有摸清这其中的门道，自然就不能感受到海南的饮食文化。

当然，除了海鲜，海南还有很多具有热带风情的食物，比如用椰奶炖煮的文昌鸡、椰香浓郁的椰丝糯米粑。来到海南的老字号，吃一口带有浓浓海洋风情的海南菜，再与几个常来店里的海南当地人聊会儿天，旅程也会变得独特起来。

在夜宵摊上必点的炭烤
生蚝

不管是海南当地人，还是外地长居海南的，都喜欢在晚上与几个好友一起，在夜宵摊上品味这一天的酸甜苦辣。

说到夜宵，不得不说到生蚝。在海南吃海鲜几乎是常识，但是在众多海鲜之中，生蚝成为海南人在吃夜宵的时候必点的一道菜。

来到海口你会发现，几乎每一家夜宵摊上都有生蚝。而且做法不一样，味道也就不一样。如果在一家夜宵摊吃腻了，换一家做法不一样的店，又能吃出新鲜感。

生蚝的做法非常的多样化，有生吃、白灼、姜葱爆等。生吃可以品尝到生蚝的鲜味，在生吃的时候，配上一点柠檬汁，用以降低生蚝的藻腥味，并且在柠檬的清香与酸溜中映衬出生蚝的浓郁清甜。想保持原汁原味，又不想尝试生吃的人，大抵会选择白灼。肥大的生蚝，配上大白菜、豆芽做的汤底，咬一口爽滑的生蚝，蚝汁横溢。

但是现在最流行的还是炭烤生蚝。在夜宵摊上点一份炭烤生蚝，还没有品味到生蚝的美味，烧烤摊上嗞嗞作响的声音和空气中炭烤的香气，就先一步挑逗着我们的味蕾。一般来说，夜宵摊上的老板炭烤生蚝的手艺已经十分熟练，没过几分钟，一份香气浓郁的炭烤生蚝被老板端了上来。

送上来的时候，生蚝大都两瓣对开，蚝肉紧紧地贴在一边，蚝壳里还有一些蒜、姜等调料。食用的时候，只需要用一根牙签轻轻地撬动生蚝的根部，蚝肉就会顺从地滑下来。放进嘴中细细品尝，蚝香混合着蒜香，还有一点炭香味，不由得让人感叹海南人太会烹饪生蚝了。

海南当地人最喜欢带自己远道而来的朋友，去夜宵摊上品味美味的生蚝。在吃生蚝的时候，大抵会喝一点小酒，杯斛交错间，聊一些无关风月的话题。特别是长年没见的朋友，炭烤生蚝的香气，似乎将旧日的记忆全都唤醒了。时光易逝，但是沉淀在心中的记忆和情感却一直没有消失过。

　　有时候，你会看到几个年轻人在夜宵摊上快乐地品味生蚝的美味，商量着接下来要去哪一站游玩。不知道等他们彼此分离，各自奔向远方以后，是否会怀念当时和大家一起抢食生蚝的日子。

凌晨排队也要
吃的秀英蟹粥

"**秋**风起，蟹脚痒；菊花开，闻蟹来"，每年的9月到10月正是螃蟹黄多膏肥的时候。在很多人看来，要是没品尝过肥美的螃蟹，这个秋天也就留下了遗憾。

在海口，吃蟹最方便不过。因为这里有各种各样的螃蟹，河蟹、江蟹、海蟹样样齐全。不过海南人嫌弃河蟹和江蟹有一股淡淡的土腥味，他们更偏爱海蟹。在海南，如果家里来了贵客，主人一定会请客人吃一顿海蟹，无论清蒸、葱炒还是打火锅，都能体会到海蟹的美味。

如果你和海南人一样是海蟹爱好者，那么一定不能错过秀英蟹粥。这是海口市秀英区的地道美食，很多游客来到海口，都会被这一道看似普通的蟹粥俘虏。还有人专门重返海口，就是为了喝一碗蟹粥。

海南人喜欢将蟹粥当做夜宵，太阳西沉，这里的蟹粥生意就已经开始了。当地人特别喜欢去海口的义龙路吃蟹粥，即使在凌晨的三四点钟，义龙路上还有人在排队吃蟹粥。

如果你不嫌远，也可以去海口秀英建材市场品味蟹粥的美味，那里有两三家蟹粥店，都很有名气。每到傍晚，店家会在露天的停车场支起一个大棚子，放上几把桌椅，地上摆满了肥美的海蟹。食客可以根据自己的口味挑选蟹粥的分量，可以用一只螃蟹熬成一碗蟹粥，如果人多的话，也可以用2到3只螃蟹熬成好几碗。

蟹粥散发着清香，喝一口粥，立刻温暖了自己的胃。喝粥会养胃是常识，但是秀英蟹粥，不仅仅可以养护我们的胃，还能迅速地提升食欲。蟹粥的分量并不少，但是很多人几口就吃掉了一大碗粥，看着见底的碗，心里估量自己的胃还可以装下几碗蟹粥，这大概是很多人第一次因为吃粥而上瘾吧。

先用椰子的香气俘获你
——椰子糕

在很多人的心中，椰子树是海南的代表。如果来到海南，没有品尝过用椰子做的食物，可能不算来过海南。

在众多椰子做的食物中，椰子糕是来到海南一定要品味的特色小吃。因为与椰子糖、椰子酱不同，椰子糕不便于长期运输，所以你不来到海南，就难以品尝到地道的椰子糕。

椰子糕的外表比较像年糕，外面用椰叶或者芭蕉叶包裹着，口感绵软清香，还带有一丝特殊的板兰香。在海南的大街小巷，常常会看见这种小吃。卖这种可爱的小点心一般是四十多岁的阿姨，戴着用椰叶做的斗笠，安静地站在路旁，旁边是放在篮子里的椰子糕。

每当有顾客走近，就会热情地用有海南口音的普通话招呼，热情到你一定要买一份椰子糕尝尝。如果你决定买一份椰子糕，她会掀起盖在椰子糕上的白色塑料布，椰叶散发出的香味会让你不由自主地多买好几份。

玄红树林中品味
香甜的椰子饭

对喜欢吃甜食的人来说，椰子饭一定是他们心中的挚爱。因为不同于我们平常用水蒸煮米饭，椰子饭是用椰汁和鲜奶煮出来的，而且在放进沸水之前，还要往椰壳中加入适量的白糖，所以人们几乎可以将椰子饭看成一道甜品。

椰子饭要放在沸水中煮三到四个小时，自然冷却之后用刀将其切成若干船状的小块，就可以装盘端上来给食客享用了。透白的椰肉，珍珠般晶莹的糯米，椰香馥郁，甜糯可口。的确，用甘甜的椰子汁蒸熟的椰子饭，怎么会不好吃？很多去海南旅游的人都感叹道："椰子饭哪里都好，就是不便于携带，不然我真想带几个回来。"

如果想一尝椰子饭的美味，那就去红树林吧。东寨港的红树林离海口不远，只有四十分钟的车程。很多人来东寨港，不仅仅是为了欣赏红树林的美景，更是为了品尝红树林的椰子饭。

红树林栈道旁边就有做椰子饭的餐厅，一边品尝椰子饭的清香浓郁，一边望着餐厅外的大榕树，别有一番风味。当然，你也可以将椰子饭打包带走，在乘船游玩红树林的时候吃。

乘着一艘小木船在红树林中穿行。退潮时，可以看见树根和海涂露出海面；涨潮时，树杈和树梢的叶子会随着海浪晃动。摇船的船夫向我们介绍，这里曾经是村民的庇护地。在抗日的时候，日本军队一来，村民就躲在红树林中，再凶狠的敌人也不能伤害村民。吃着刚刚打包的椰子饭，听着老船夫讲述红树林的历史，小船随着海浪轻轻地摆动，似乎觉得手中的椰香更加的浓郁，椰子饭更加的香甜。

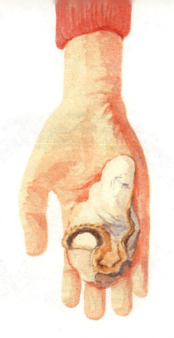

去曲口吃半个
手掌大的生蚝

要是你问海南人去哪里能吃到最大最肥美的生蚝，他们肯定推荐你去曲口村。曲口村位于海口市演丰镇，离海口市中心大概 30 千米，因盛产海鲜而久负盛名，每年都有游客慕名去品尝曲口村的海鲜。

　　来到曲口，你会重新认识海南的海鲜，特别是海南生蚝。相比我们经常在烧烤摊上吃到的又小又瘦的生蚝，曲口的生蚝简直是"巨人"，足有半个手掌大，有的生蚝要分几口才能吃完，且新鲜肥美，一口咬下去，蚝汁满溢，让人回味无穷。

　　对经常去曲口吃海鲜的食客，曲口的渡口才是他们心中的美食圣地。渡口上大部分都是卖生蚝的渔民，走几步就可以看见一家。在旅游旺季，这里比曲口村中的餐厅还要热闹，游客挤满了渡口，都在挑选美味的海鲜。

　　当然，不知道如何挑选生蚝的人也不用担心，这里的生蚝都是渔民自己养殖出来的，几乎每一个生蚝都个大肉肥。有人说，在曲口渡口挑选生蚝，闭着眼睛都可以选到一个超级饱满的生蚝。

　　渡口的生蚝被渔民捞了出来，放在准备好的水盆中，需要吃生蚝的客人，可以在这里现开现买。喜欢生吃生蚝的人，也可以在这里品尝到最原汁原味的生蚝。即使游客再多，这里也不会出现排队吃生蚝的情景。因为对一般人来说，烦琐又容易弄伤手的开蚝，渔民早已熟练。只需要几秒钟就可以将一个开好的生蚝递到你的手中。

什么季节都可以吃石山羊火锅

在很多人心中，海南和火锅两个字是没有任何关系的。因为在他们看来，海南是一个远离寒冷的地方，不需要吃火锅来取暖。但是，海南人又怎么会错过如此的美味呢？在海南，吃火锅又被称为"打边炉"，海南人吃火锅往往不论季节，一年四季都可以吃热气腾腾的火锅。

在海南人心中，火锅中的珍品应该是石山羊火锅。石山羊生活在海口石山的石灰岩山区，这里土地肥沃草木茂盛。据统计，在石山地区的400多种植物中，有100多种可以作为山羊的食物。当地的居民用"圈养"的方法饲养山羊，经常在山区自由吃草的山羊毛色乌黑光亮，肉质厚实，是难得一见的优质山羊。据调查，这里的植物与我国其他地区山羊专食草本植物不同，所以食客吃不出羊膻味。

在制作石山羊火锅时，厨师一般会选用20多斤的乳羊，这些断奶不久的羊肉皮嫩骨滑，极宜火锅汤氽。吃过石山羊火锅的人可能会发现，在下锅之前，这些羊肉就已经经过了腌制。在端上餐桌之前，厨师会提前将羊肉加入葱汁、蒜蓉、自制香油、麻酱、蚝油等腌制一会儿，这样处理过的羊肉吃起来更加鲜嫩。

在吃石山羊火锅的时候，人们可以根据自己的喜好搭配什锦酱、姜、蒜蓉、酱油或辣椒酱。当然，如果你想要品尝原汁原味的石山羊，也可以不蘸酱汁，吃起来甘甜嫩滑。

石山羊火锅的配菜也不能马虎。用当地的黑豆制成的石山豆腐，是石山羊肉最佳的伙伴。不仅吸走了油腻，还为底汤增加了一丝甘甜。

东江盐焗鸡火局和它的两个传说

东江盐焗鸡是一道十分独特的传统佳肴，也是客家的招牌菜之一。据说，它始创于东江惠阳盐场，因而又被称为东江盐焗鸡。

关于盐焗鸡，海南民间有两个有趣的传说。

传说，有一位客家妇女十分擅长烹饪。有一次，她的孩子生病了，不愿意吃任何食物。大夫告诉这位客家妇女这个小孩如果还不吃东西，身体会越来越差。这位客家妇女听后，一直想做出一道美味的菜肴，能让自己的孩子恢复健康。

于是，她将用盐腌制好的鸡，用纸包好之后放入炒熟的盐中用砂煲煨熟。做出来的鸡香气四溢，孩子看见这样的菜品后，开始吃饭，身体也逐渐恢复健康。这个小孩长大以后参加科举，考中了状元。于是，这道盐焗鸡作为状元菜被人们熟知。

第二个传说与亲情、友情有关。相传梅州长乐有一个商人，在岭南各地贩卖日杂食品。他为人诚实可信，待人真诚，因此结交了不少以诚相待的朋友。有一年临近年关，商人要回家过年，想采购一点当地的特产带回去给自己的妻儿尝一尝。当地的朋友特地购买了一只肥鸡送给他，这只鸡名为"三黄嫩鸡"，是当地十分受欢迎的特产。

这位商人想将这只鸡带回去给妻儿尝尝，但是路途遥远，活鸡难以携带。于是他将鸡制成白切鸡，用盐包封在包袱里。行到半路，前不着村后不着店，饥饿难耐。于是，长乐商人将白切鸡取出来，与随从烤着吃。没想到，这样烤出来的鸡十分美味，大家品尝完后都赞不绝口。长乐商人留了几块给自己的妻儿，他的妻子正好是厨艺高手，了解整个事情的始末之后，依法炮制，美味的盐焗鸡就诞生了。

海南人婚礼上必备的槟榔果茶

古人常说，若想明媒正娶一位女子，三茶六礼是不可少的。其中的"三茶"，指的就是订婚时的"下茶"，结婚时的"定茶"和同房时的"合茶"。

不同的地区，婚礼时使用的茶叶也不一样。有的地方用普洱茶，有的地方用铁观音，有的地方用碧螺春……而在海南岛，人们选用的不是这些名茶，而是一种果茶：槟榔茶。

这大概是因为海南岛到处都能看到槟榔的缘故，无论是喧闹的都市，还是质朴的小镇，都能发现摇曳的槟榔树。闲坐于槟榔树下，嚼一片新鲜的槟榔，别提有多惬意了。

让如此熟悉的槟榔陪自己走进婚姻的殿堂，海南人自然不会拒绝。于是，无论在聘礼中，还是婚礼宴席上，人们都能发现槟榔果茶的身影。槟榔果茶是什么滋味的？你最好不要问新郎新娘这个问题。即使他们从小就嚼槟榔，也难以准确地描述出槟榔果茶的味道。因为在他们看来，槟榔果茶的滋味是道不尽的，就像那即将进入的婚姻生活。

不需要粽叶包裹的海南煎粽

每个人都吃过粽子，但是你吃过不用粽叶包裹的粽子吗？或者说，你吃过煎粽吗？也许你会觉得很奇怪：没有粽叶的粽子怎么能被煮熟呢？如果好奇，可以问问海南人为什么要发明这么独特的粽子。

因为独特的气候和地理环境，在海南可以看到很多在人们的常识中不应该在某个季节出现的水果。其实，更加神奇的是，我们不仅仅可以吃到不受季节限制的水果，还能吃到很多不受季节限制的菜肴，煎粽就是其中之一。

海南的煎粽不需要粽叶包裹，所以不受节令的影响，可以随时制作。与普通的粽子不同的是，在制作海南煎粽的时候，要提前将糯米蒸熟，然后将蒸熟的糯米与各种调料，比如叉烧、冬菇混合在一起，最后用热油将其煎到金黄色即可。

藏在丑陋外表下的美味
——海胆

海胆是一种生长在海洋里的棘皮动物，生长在内陆的人即使没有亲眼见过，也一定在电视中看见过。黑乎乎的一个小团子，上面长满了细长的刺。有的人认为它是海中的刺猬，只不过体型没有刺猬那么大罢了。

和刺猬一样，海胆外壳上长长的尖刺，是用来保护自己的。在民间有一句俗语，"老虎咬刺猬，无处下口"。虽然在海中并没有老虎，但是正因为海胆外壳上这长长的尖刺，其他的动物想要吃它时，却发现没有地方下口，最终悻悻离去。

可惜海胆的尖刺虽然可以保护它不成为海中动物的食物，但是无法战胜人类的智慧。人们无意中捕捞了这个看上去毫不起眼儿的小家伙，发现在海胆丑陋的外壳下，竟然藏着美味的内瓤。从此，海胆走进了人类的生活中，成为了人类餐桌上的美味。

海胆在海南很常见，海鲜市场里一般都有新鲜的海胆售卖。如果喜欢生吃海胆，在市场里选择一个大小合适的海胆，摊主会现场帮你处理。先用剪子剪开带刺的外壳，再用勺子挖出橘子瓣形的海胆黄，去除内脏后放置在冰水中，最后加入柠檬和盐浸泡几分钟。吃海胆，吃的就是这份新鲜。

除了直接生吃，海胆还有很多种吃法。比如说，将海胆黄和肉类、芦笋、蛋品混合煎炒，就成为了一道美味的菜肴。将海胆黄和面条放在一起，不需要加任何多余的佐料，就可以得到一份鲜美的海胆面。如果将海胆黄放在火锅中，风味更是独特。

　　现在海南比较流行的吃法是海胆蒸蛋。基本上各种海鲜大排档都提供这样的加工方式，加工的费用并不昂贵，费用在5元到10元。

　　制作的工序也十分简单，先在海胆的上部挖开一个小口子，清除海胆的内脏和沙粒，保留完好的海胆黄。然后将打散的鸡蛋液倒入海胆中，上火蒸几分钟即可以拿下来。在端给食客之前，将热油倒在海胆中，为海胆增添一丝香气。这种吃法，将海胆的鲜美和蛋羹的滑嫩结合在一起，让人回味无穷。

　　但是需要注意的是，虽然在海南我们可以吃到便宜美味的海胆，但是有些不法商家会偷偷地将海胆换成海胆壳，在里面加入蛋液后端上来。所以提醒那些想品尝海胆蒸蛋的朋友，可以先在网上找一个信誉比较好的商家，以免吃到偷梁换柱过的海胆蒸蛋。

清蒸后安鲻鱼

来港北小海吃

来海南旅游的人，一定听过港北小海的大名。港北小海是中国最大的潟湖内海，面积近50平方千米，有各种各样的海产，被誉为"鱼米之乡"。

很多人愿意去港北小海的港口，因为那里不仅有丰富的海产，还能看到渔船成群归港的场面。出海打鱼的渔船，满载着大海的馈赠，每位渔民的脸上都带着兴奋。在港口旁边就是渔市，那里每时每刻都很热闹。忙着挑选的食客，给客人称重的渔民，都在分享着最新鲜的海味。

后安鲻鱼是港北小海的明星，它与和乐螃蟹、港北对虾并称为"港北小海三大名产"。虽然港北小海各地都有鲻鱼，但是只有从后安镇的曲冲湾至白石湾出产的鲻鱼最肥美。在渔民的心中，只有在后安湾和潮港湾捕捉的鲻鱼才算是正宗的。

后安鲻鱼拥有十分久远的历史。据记载，后安渔民的祖先是在宋代从闽、粤沿海地区迁徙过来的。当他们到达后安镇的时候，发现这里的海藻十分丰富，鲻鱼尤其肥美，于是开始在内海捕捞后安鲻鱼。随后，后安鲻鱼渐渐为海南人所知。到了元朝，后安鲻鱼已经成为了当地名牌。很多人是先知道后安鲻鱼，才知道后安镇。

　　在后安湾，一年四季都可以捕捞到后安鲻鱼。不得不说，是后安湾养育了后安镇的居民。秋冬季节的后安鲻鱼最为肥美，很多冬季来海南游玩的人，都会专门来到后安镇尝一尝地道的后安鲻鱼。

　　后安鲻鱼的做法有很多，红烧、清蒸、生炒都可以品尝到鲻鱼鲜美的鱼肉，其中以清蒸最能体现后安鲻鱼的原汁原味。在不加任何佐料的情况下清蒸野生鲻鱼，蒸熟的鲻鱼没有一丝土腥味，反而泛着淡淡的奶香。当然，后安鲻鱼不仅仅是宴席上的美味，还是老少病弱者的最佳补品。它含有丰富的营养，也是产后妇女恢复元气的首选。

椰丝糯米粑

带着浓浓回忆的

在海南的民间小吃中，最普通但也最有滋味的，应该是一种混合着糯米清甜和椰丝浓香的小吃——椰丝糯米粑。

海南人对椰丝糯米粑的记忆，大多与自己的童年或者老人联系在一起。在很多海南人的记忆中，椰丝糯米粑是过年的时候才会出现的美味。什么时候闻到椰丝糯米粑的香气，就意味着离发红包的日子不远了。

虽然在很多人心中，这是一种一年才会出现一次的美味，但是制作椰丝糯米粑并不复杂。它的原料也十分简单：糯米或者山兰米，还有在海南最常见的椰子。先在农村的树上摘下老椰子，再在切开两瓣的椰壳中将椰肉用特制的工具一点一点地刮出来，用工具刮下的椰肉直接变成了一条条细细的椰丝，然后将椰丝加红糖炒熟，就准备好了椰丝糯米粑的馅料。

当然，仅仅有馅料是远远不够的，外皮是否柔软、滑而不黏才是关键。糯米或者山兰米需要用温水浸泡三个小时，放在竹制蒸笼里蒸熟。然后就是最见功夫的一步：将糯米或者山兰米锤打成黏黏的米糕。将打好的米粑捏成一个大小适中的团子，放进红糖炒椰丝的碗中蘸满椰丝，我们就可以品尝到浸着糯米糕合椰丝香气的椰丝糯米粑了。

虽然现在粑食已经没有过去那样常见，但是在海口的街头巷尾或者市场的拐角，依然可以看见椰丝糯米粑的身影。如果你足够幸运，能在路上偶遇那些挑着担子四处卖粑的人，你就可以品尝到更加地道的椰丝糯米粑。

玄锦山镇品尝最地道的煎堆

从海南旅游回来的人，也许会告诉你："去海南，还要吃锦山煎堆。"或许你从来都没听过这个名字，还以为是一种新奇的小吃。其实，如果我告诉你煎堆的另一个名字——麻团，你肯定就知道了，就是那个小时候我们最爱吃的，外表金黄、香脆可口的小团子。

虽然没有史料可以考证，海南的煎堆是从什么朝代开始流行的。但是，煎堆早已成了海南人餐桌上一道不可缺少的小吃。像文昌锦山镇的鉴光珍袋店，已经传承了四代，做煎堆的历史已逾百年。

这个煎堆店因悠久的历史和正宗的口味而闻名，在店里可以看到很多慕名来品尝煎堆的食客。在拿着手机自拍的游客中，总是能看到几个白发苍苍的老人。他们是镇上的居民，和这些游客一般大的时候就喜欢上了煎堆，这么多年过去了，还是戒不掉这口美味。

这些老人说，虽然现在很多人只是将煎堆看成一种小吃。但是在过去，煎堆是过年时走亲访友必备的礼品。因为煎堆的表皮经过油炸之后起泡变脆，当地称之为"起水"，寓意以后的日子都会有起色。而且煎堆的另一个别称——珍袋块，有金堆块的寓意。虽然在过去不能送真的金子给自己的亲友，但是送上一份美好的寓意也是不错的选择。

老人还告诉我们，煎堆还可以用来祭神。现在我们吃的煎堆个头比较小，不过拳头般大小。但是如果去海南的南边，你会看到格外大的煎堆。小的和柚子一般大，大的像个篮球。元宵节和军坡节祭祀的时候，就会用这样的煎堆来敬神祈福。据老人讲，古人祭神用的煎堆更大，因为古代人认为，煎堆如果太小神灵会发怒的。

代表苗人热情和友好的三色饭

苗家人认为天上有红、黄、黑三种巨龙，每到农历三月初三这天，都会在天上施法，降下甘霖。不仅能让苗族人五谷丰登，还能保佑他们平安吉祥。因此，苗族人将每年的三月初三定为清明节，并且蒸煮三色饭，敬拜天龙，敬奉祖先。

其实，苗族的三色饭之所以能成为苗族独具特色的传统美食，有其独特的文化内涵。在很久之前，苗族的祖先居住在深山野林中。在当时，如果只靠一个人或者一个家庭的力量，是无法在大山深处生活下来的。喜欢居住在深山中的苗族同胞如果想要生存，不同姓氏或者家族的苗族人就必须要团结一致，共同克服大自然中的困难。

因此在每年的三月初三，苗族人就会相聚在一起，欢歌载舞，一起吃三色饭来表达氏族之间的友谊和团结之情。传说每一种颜色的米饭就代表着一个姓氏或者是一个家族。将不同颜色的米饭放在一起蒸煮，也就表示不同的氏族将团结在一起。

　　如今，三色饭成为了苗族人招待贵宾的传统食物。在苗族人心中，用敬奉给祖先的美食招待远道而来的客人，是对客人最高的礼遇。现在来到保亭黎族苗族自治县，会发现苗家三色饭早已成为保亭著名的民族风味美食。在保亭的苗族人家或者农家饭店，我们都会看到主人热情地端上一碗苗家三色饭，这是淳朴的苗族人对客人无声的问候和欢迎。

　　蒸煮好的苗家三色饭有一股淡淡的药香，这种香味很不寻常，闻过难忘。米饭被摆成可爱的饭团形状，黄、黑、红三种天然颜色互相映衬，让人食指大动。但是对很多人来说，记住的不仅仅是苗家三色饭的美味，通过三色饭的馨香，人们感受到的是苗家人们的淳朴和热情。

时隔千年，历久弥新的椰奶鸡

椰奶鸡是一道原汁原味的海南特色菜肴，很多人说，椰奶鸡就代表了海南，是海南经久不息的味道。椰子奶的清香和文昌鸡的肉醇融合在一起，甜而不腻，清爽宜人，征服了很多食客挑剔的味蕾。

椰子是海南独特的美味，在海南人心中，椰子处处都是宝。椰青的水可以清润解渴，椰肉鲜嫩爽滑，椰奶甘甜香醇。而椰奶鸡的另一样食材——文昌鸡，早已闻名于外。因其长年放养在榕树林中，以榕籽为食，所以肉质肥美，皮滑肉嫩，被誉为海南的四大名菜之首。

将这两样自然美味结合在一起，再挑剔的食客也不能挑出毛病。在传说中，将这两样食材完美结合在一起的，不是某个传奇的厨师，而是我们耳熟能详的棉纺织家——黄道婆。

相传黄道婆流落到海南后，一直无法适应海南的饮食。一次偶然的机会，她不小心将椰奶倒进了文昌鸡的锅子中，却惊喜地发现用椰奶煮出来的鸡肉味美鲜嫩，十分可口。

　　后来，每当有朋友来访时，黄道婆都会亲自下厨煮上一锅香气四溢的椰奶鸡。朋友也被这种独特的美味吸引，于是向她请教烹饪的方法，回家依法炮制。一传十十传百，这道美味渐渐在黎族织女中声名远扬。后来，黄道婆将纺织技术传授到中国内陆，受到大家的尊重和喜爱，这道由文昌鸡和椰奶碰撞出来的美味也逐渐流传开来，至今成为家喻户晓的海南名菜。

　　在现代海南人的餐桌上，火锅让这道传统的美味焕发出别样的风采。用新鲜的椰奶作为火锅的底料，等椰奶沸腾之后加入一只文昌鸡，炖煮几分钟之后，一锅香喷喷的椰奶鸡在等待你品尝。先喝一口椰奶熬的汤底，感受椰奶的清香和甘甜。再用传统的海南金橘酸料配上鲜嫩多汁的文昌鸡，一如海南的海景，让人回味无穷。

　　椰奶鸡的丝丝椰香，从黄道婆的年代一直飘到了现在。这里面，不仅有海岛的自然风光与特色物产之美，还凝聚着传统劳动人民的智慧。时隔千年，椰奶鸡历久弥新。

海南人心中
不变的情怀
——海南粉

海南人爱吃米粉。有人说，就像广州人喜欢对朋友说"到我家饮汤"一样，海南人常说的是"上我家吃粉"。

关于海南粉，海南民间有一个动人的传说。相传明朝有一位姓陈的工匠，他带着自己的母亲迁居到海南澄迈老城。但是母亲年老，且体弱多病，刚到海南之后茶饭不思，身体日渐虚弱。这位工匠担忧自己的母亲，一直在寻找一种能够让母亲胃口大开的食物。

有一天，他去乡下拜访友人，看见当地的稻香水好，就产生了将稻米制成米粉的想法。于是，他将米发酵、压碎、弄成粉、打成条，然后每天都不停地变换调料，让米粉的味道每天都不一样。他的母亲很喜欢吃这种米粉，每天都能吃很多，身体也渐渐恢复健康。

陈姓工匠的孝心流传开来，又由于他的粉店工艺独特，生产出来的米粉柔润爽滑，于是很多人慕名来他那儿学艺。从此，他创始的这种米粉便逐渐流传开来，成为海南人心中不可或缺的食物。

如今，我们依旧可以在海南找到特色的粉店，它们大多藏在纵横交错的巷子中。破旧的门面，甚至连店名都没有的小餐馆却隐藏着地道的海南风味。虽然这些海南粉店的装修并不吸引人，但是这里是很多海南人心中不变的情怀，有的老字号可以在一天内卖几百斤海南粉。过来吃粉的老一辈说，这些老字号的当家人一般是代代传承。老一辈的做粉师傅十多岁就开始跟着自己的父辈制作海南粉。虽然现在是年轻的一代管理这些粉店，但是原来卖粉的老板也会经常来店里帮忙，和食客聊天。虽然做粉的人变了又变，但是海南米粉的味道一直都没有改变。

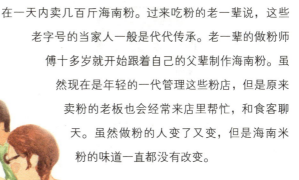

老人回忆，在小时候，这些米粉店还没有固定的摊位，有的是挑着担走街串巷贩卖，有的是在天桥底下摆摊。后来卖粉的老板终于有了一个固定的摊位，他们也就追随着米粉的香气来到了这些粉店，一吃就是几十年。

这些老字号面积不大却干净整洁，小小的店面里坐满了食客。客人一波接一波，先来的找个位置坐下，点一份自己喜欢的海南粉，然后埋头吃粉，人一走，空碗马上就会被端走。老人笑道，只看店内的情形，倒有点当代快餐店的感觉，这可能是老字号的海南粉店和现代餐厅唯一相似的地方了。

1. 宋记海南粉传承老店。2010 年获得海口市级非物质文化遗产项目《海南粉》代表性传承人认证，口味独特，慕名而去的食客不少。每天只营业到中午 12 点，想品尝的朋友要早点去。

2. 文明天桥下的海南粉。这是一家没有招牌的海南粉店，在海口市和平路文明天桥下，配汤很独特。

来老爸茶店品味人间百味

海口的老爸茶店常常设在老城区的小巷子中，临街的一间铺面，桌椅常常摆在门前的空地上。茶客往往是附近的邻里乡亲，大多都彼此熟悉，在街头巷尾相逢，"一起吃茶去"，便向茶店走来。

茶店的老板，大多数是上了年纪的老阿爸，看见熟悉的乡亲会乐呵呵地和他们唠上几句。几个从乡下雇来的小妹，提着茶壶来回走动，看见哪位乡亲杯里的茶水少了，就马上为他添满，很是热情周到。

这里的茶是最普通不过的绿茶、红茶，还有茶店老板自制的菊花茶、茉莉花茶等。要是你想品茶，还是建议去茶馆。在这里，茶客们常常是点一壶茶，喝喝茶，吃吃小吃，从清晨一直待到黄昏。但是即使你点一壶几块钱的茶，也不需要担心老板的脸色。这里的服务一直很实在，没有人会来暗示你应该离开这个地方。

　　茶客们坐在茶店中，悠闲地喝着茶，吃着小吃，和来这里的邻里讨论中外闲情逸事。说到精彩的地方，旁边不太熟悉的乡亲都会围坐过来，时不时插几句话。这个时候，茶店俨然变成了茶客们的辩论会场。说得口干舌燥时，就喝一口茶润润喉，或者吃一点小吃休息一下，随后又参与到讨论的战局中。虽然每个人支持的观点都不一致，讨论激烈的时候甚至会拍桌子，但是讨论结束后他们又回到了平常和和气气，悠悠闲闲的状态中。

　　很多外地人不能理解，为什么海南人可以花一天的时间泡在老爸茶店，其实这与老爸茶店的来源有关。很久之前，有些人远渡重洋来到海南。登岛之后，他们思念家乡的亲人，想要了解家乡的情形。但是碍于天堑隔阻，没有可以获取信息的渠道。

于是，这些人便在码头等待上岛的客商，向来采购的客商打探故乡的消息。为了获取更多的信息，这些人便聚集在街头巷尾，互相交换信息。

这些人经常在一起谈论信息，难免会有口干舌燥的时候，老爸茶店也就应运而生。虽然后来出现了报纸等可以获取外界信息的渠道，但是他们还是将这个习惯保留了下来。如果有一天不出来喝茶聊天，就像有什么事情没有完成一样。

在老一辈海南人的心中，如果家里有钱不来老爸茶店喝茶，是会被人取笑的，觉得他的人生毫无意义。如果家里贫穷而不来喝茶，则更令人不安，因为连老爸茶都喝不起了，那他们家该有多穷啊。

所以，越富越要喝老爸茶，越穷也越要喝老爸茶。一壶茶，几碟海南小吃，陈旧的桌凳上围坐着三两个年纪见长的茶客，这是海口老爸茶店门前的一景。

老爸茶店不仅仅是喝茶的地方，更是生活的小天地。喝一口茶，好像喝进了人间百味。